JN108211

食べて強くなる!

サッカーの栄養と食事

久保田尚子 著【管理栄養士、FC東京栄養アドバイザー】

はじめに

今回『食べて強くなる！サッカーの栄養と食事』の発行のお話をいただいたときに、25年以上連載をさせていただいている月刊誌『サッカークリニック』連載記事の集大成ができるならうれしいこととの思いから、喜んでお受けいたしました。

ところが、実際に作業を始めてみると初めての経験ばかりで、計画通りには全く進まず、多くの皆さまに助けていただいて、やっと出来上がったぁ～というのが実感です。かかわってくださった皆さまに心からお礼申し上げます。

大好きなサッカーにかかわってから25年余りの間に感じたことを私と同様にサッカーが大好きな皆さまとどうしても共有したいとの思いで、以下の2点をベースに考えをまとめてみました。

①練習と同じくらい、食事にも目を向けてください。それが、せっかくの練習が実を結ぶことを助けます。

②とはいえ、「食事は心の栄養にもなる楽しいもの」です。ですから、決して「頭でっかち」になることなく、素直な気持ちも大事にしながら食事に向き合ってほしいと思っています。

ある選手から「僕が現役の選手である以上は、練習に限らず食事でも最大限の努

力をしたいと思っている」といううれしい決意、「私が息子を応援する気持ちを表現できるのは、息子にとって一番ストレスのない食事を、タイミングも考えて用意することだと思っている」という親心、「成長期真っ最中の選手には、練習と同じくらいに、食事と睡眠が大事だと思っている」と話してくださった選手思いのジュニアユースのコーチ…。それぞれの立場の方が本音で伝えてくださった「食事への思い」を絶対に無駄にしたくないと思ったのが私の熱量の根源でした。

この本の中のＱ＆Ａは、私がスポーツに携わる栄養士として、いろいろな現場で実際に受けた質問などを基にまとめたものです。皆さまのふだんからのなにげなく感じていらっしゃる疑問と本書の「Ｑ」との共通部分を見つけていただけるとうれしいと思っています。

また、レシピを紹介しているきれいなページがあります。豪華なレシピを並べた「料理本」とは違って、サッカー選手がとかく気になる問題点の解決にもつなげられる、そして誰にでも作れる簡単なメニューになっています。「こんなので、よいのかぁ～」とか、「これなら作れるぞぉ」と思ってください。

とはいえ、料理は単品で食べるより組み合わせて食べることで、よりよい「食事」になりますから、レシピのページを基にぜひ「自分流」「我が家流」「うちのチーム流」に上手にアレンジしてくださることを願っています。

管理栄養士　久保田尚子

第3章　献立・レシピ編…101

第4章 Q&A編 …139

装丁・デザイン　1108GRAPHICS
イラスト　庄司猛（裏表紙、002、024、140 ページ）
調理　鎌手早苗
調理補助　後藤里帆
写真撮影　谷口宗仁（表紙、110 〜 137 ページ）
協力　サッカークリニック

第1章

基礎編

食事を構成する栄養素には、
サッカー選手の体をつくるだけでなく、
コンディションを保ち、
競技力を高めるための重要な働きがある。
「バランスのとれた食事」のために
栄養と食事の基礎知識を身につけよう。

基礎
01

1日に「何を」「どれだけ」食べたらいいのか知ろう

POINT

1 五大栄養素の名前を覚えよう！
2 五大栄養素、それぞれ主に含まれている食品を知ろう！
3 五大栄養素を《食事バランスガイド》に当てはめられるようになろう！

ふだんの生活の中でも、サッカーに熱心な方は食事にも気を使う方が多いように思います。中には、栄養素の名前を取り入れながら、「筋トレした日は、早めにたんぱく質を摂らないと…」と自分で納得するように説明してくれる選手を見かけることもあります。

「うちの子どもは、今成長期だから、とにかくたんぱく質は不足がないようにしないと」と話していらっしゃる保護者の方を見かけることもあります。

そうかと思えば、「白いものは『エネルギーの素』ですよね？」と真面目に質問してきた学生に会ったこともあります。

そう考えると、栄養素の名前とその主な働きは、正しく覚えておくことがとても大事に思います。

できれば名前と働きだけでなく、「どんな食品に多く含まれているか」というところまで理解しておくと、興味があるだけに、その後の食生活をバランスよく保つことに有効だと思います。

栄養素について理解するときに便利なのが、図１‐１～１‐３です。


最も基本になるのが、図１‐１の「食事バランスガイド」です。

「食事バランスガイド」は、食生活を見直せるように策定された10項目からなる「食生活指針」のうち、４番目に挙げられている「主食、主菜、副菜を基本に、食事のバランスを。」という項目を受けて、１日に「何を」「どれだけ」食べたらいいのかを、具体的な料理例と概量で示したものです。

摂りたい量や摂りたい順番は、コマの形が表しています。細かいところまで理解する必要はありませんが、「食事バランスガイドがなぜあのようなコマの形をしているのか？」「あのコマの形は栄養素とどんな関係があるのか？」「食事バランスガイドを利用することで、なんのために何を食べればよいのか」などについて、食事バランスガイドのコマがバランスよく回っている様子をイメージすることで、自然とわかってくるようにしたいものです。

栄養素の名前は小学校の家庭科でも習っているところです。思い出しながら正確に覚えましょう。

図1-1　食事バランスガイドを覚えよう！

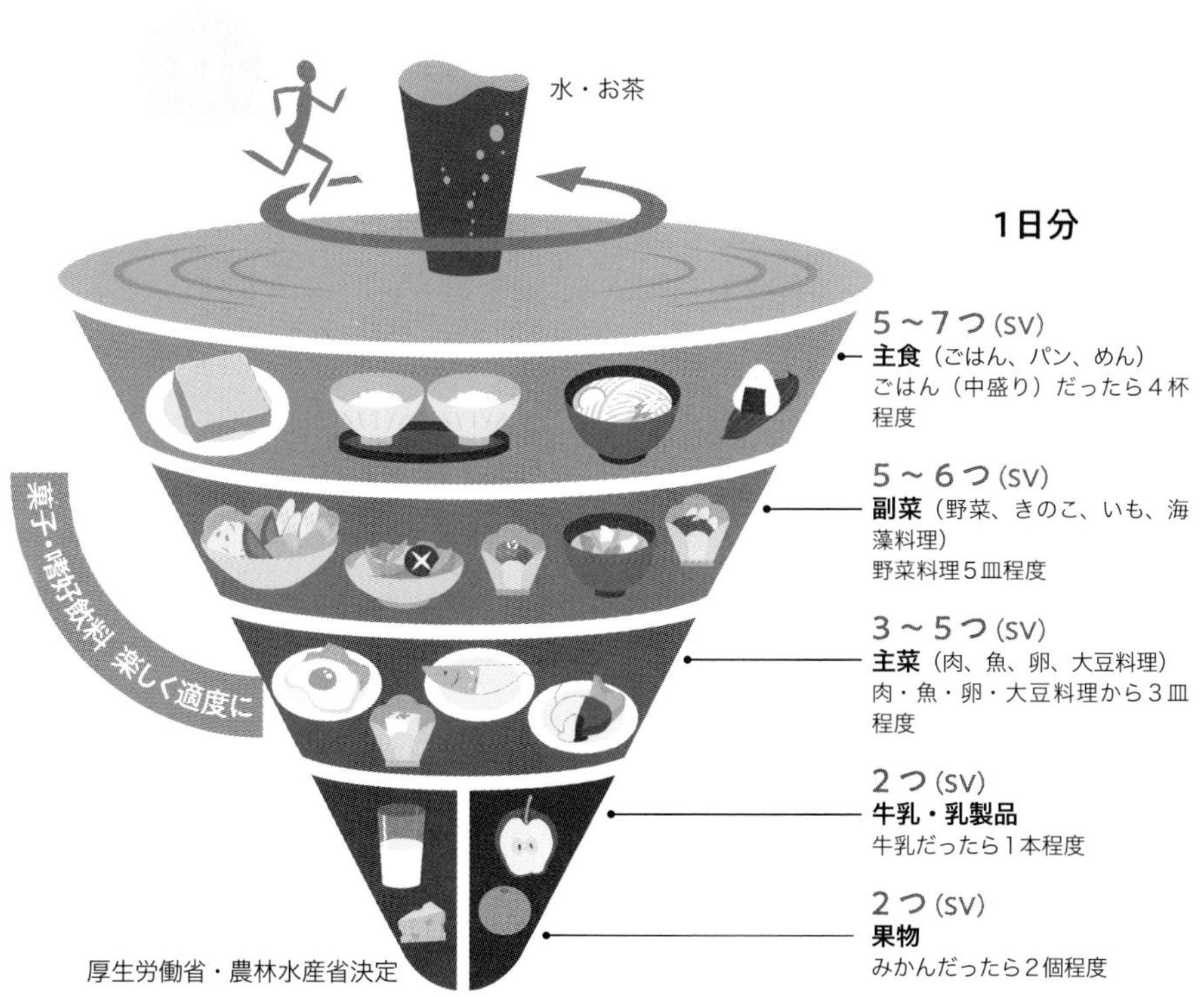

「食事バランスガイドのコマの形の意味は？」

コマの本体は、上から「主食」「副菜」「主菜」「牛乳・乳製品」「果物」と、しっかり摂りたい順番に配置されています。料理区分の大きさは摂りたい量に比例し、バランスが悪いとコマが倒れる、コマの軸は「水・お茶」で食事に欠かせないもの、コマを回すひもは「菓子・嗜好飲料」で楽しみながら適度に、摂り過ぎには注意、というメッセージが込められています。コマの回転を示す「運動」は、コマの安定、つまり食生活の安定に運動が大切であることを示しています。コマとして描くことで、食事バランスの大切さを紹介しています。

食事バランスガイドでは、1日分の食事の概量を、SV（サービング）という単位の数で紹介しています。概量についてはわかりにくいと思いますので、詳細は厚生労働省のホームページを参照してください。

図 1-2　食事バランスガイドと主な栄養素の関係

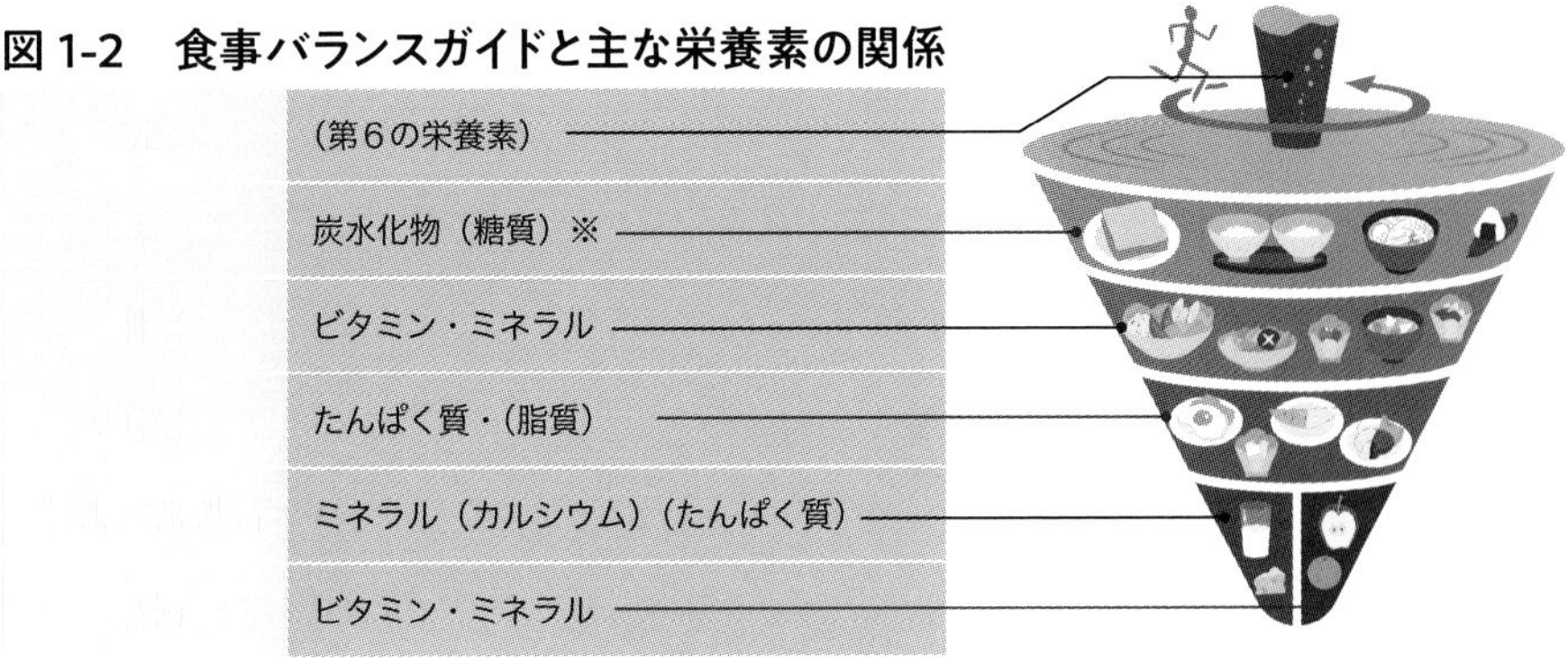

※炭水化物＝糖質＋食物繊維

図 1-3　五大栄養素とその働き

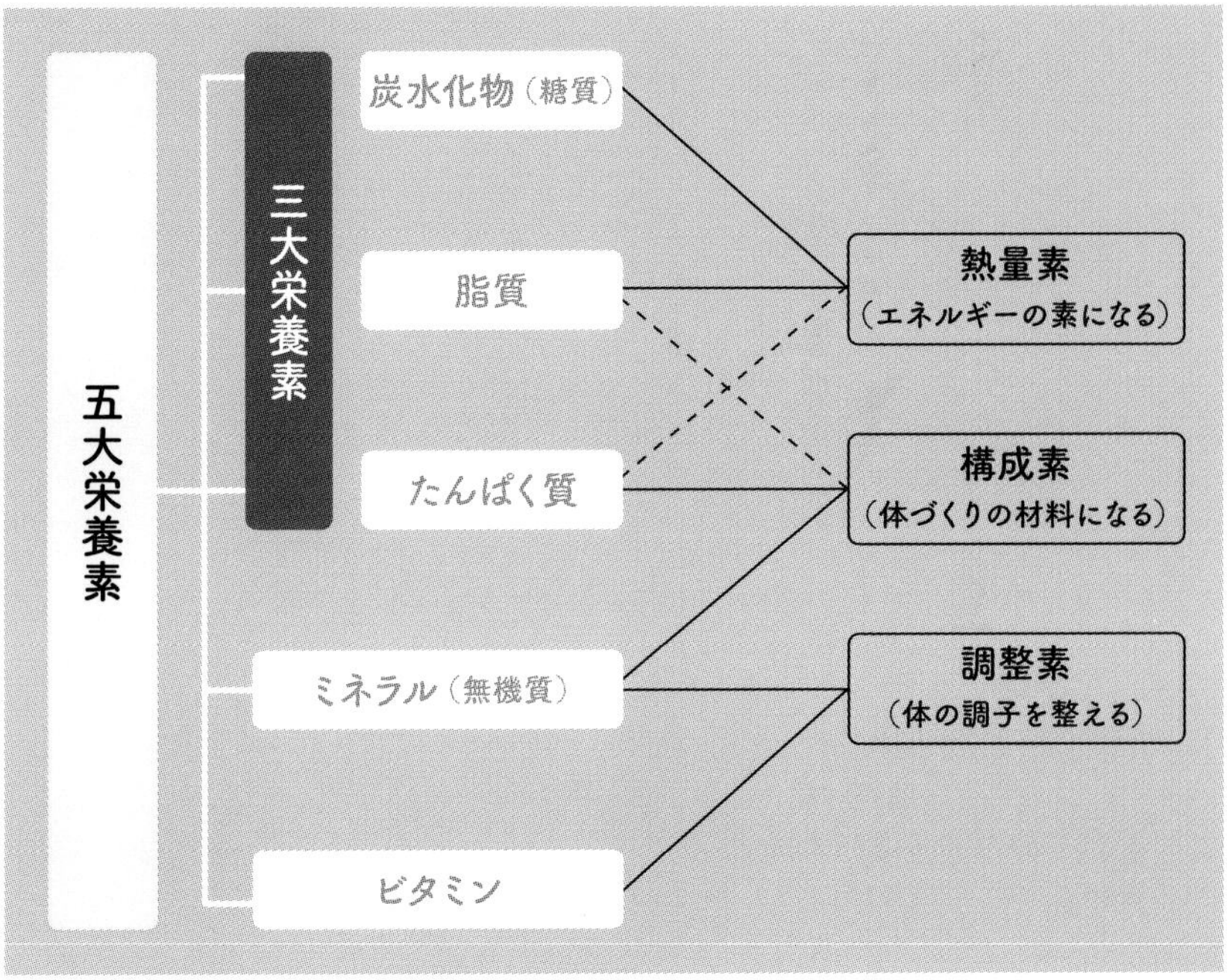

基礎 02

練習で実力をつけ、試合で成果を発揮するためには食事は大切

POINT

1 サッカーはハードワークの競技なので「食べなければ、動けない」
2 サッカーで消費するエネルギー量の簡単な計算法を知ろう
3 エネルギーの素になるのは「三大栄養素（炭水化物・脂質・たんぱく質）」

さまざまな競技の中でも、サッカーは運動強度が高い競技です。

運動強度にはいろいろな表し方がありますが、厚生労働省が発表した『健康づくりのための運動指針2006』によると、身体活動の強さ（＝運動強度）については「メッツ」（METｓ）、身体活動の量（＝運動量）については「メッツ×時」を「エクササイズ」という単位で呼ぶこととしています。

メッツ（metabolic equivalents）とは、身体活動の強さを、安静時の何倍に相当するかで表す単位です。座って安静にしている状態（その状態でも呼吸をしたり姿勢を維持したりしている＝運動をしている）が1メッツ、普通歩行が3メッツに相当します。もう少し詳しく説明すると、難しい表現になりますが、「メッツとは、安静時の酸素摂取量3.5 ml／kg／分を1としたときに、その運動で何倍のエネルギーを消費できたかで運動強度を示した単位」のことです。

サッカーの運動強度は7メッツですが、練習の内容によっては異なるので、あくまでも「平均」と考えてください。表1-1を見ると、球技の中でもかなり強度が高い運動であることがわかります。だからこそサッカー選手は、強度の高い練習ができるように、また試合では練習の成果が最大限発揮できるように、食事にも気を配っているのです。

サッカー選手が食事に気を配るのは、「食べたものがエネルギーの素」だからです。もし、エネルギーが不足している状態だと体を動かすエネルギーが足りずに、思う存分動くことができません。十分に食べていなければ、脳のエネルギーも不足してしまいます。脳がエネルギー不足になると、集中力や注意力にも影響が出てしまいます。

つまり、エネルギー不足での練習は、練習に費やしている時間自体が無駄になってしまう可能性もあるのです。そればかりか集中力や注意力の低下から、しなくてもよいケガをする恐れもあるのです。

最初に、メッツは運動強度の単位で、安静にして座っている状態を1メッツとして、いろいろな運動がその何倍の強さであるかを表したものだと、説明しました。メッツの便利なところは、運動時間と自分の体重から、運動によって消費するおおよそのカロリー（エネルギー量）を計算できることです。

基本となっている1メッツでいうと、「1メッツの運動は、1時間（＝1エクササイズ）で体重1kg当たりおおよそ1キロカロリー（ｋｃａｌ）を消費する」となります。

例として、体重50kgの人が、サッカーを1時間、ジョギングをゆっくり30分行ったときの消費エネルギーを計算してみましょう。

サッカー（7メッツ）　7メッツ×1時間×50kg＝350ｋｃａｌ

ジョギング（6メッツ）　6メッツ×0.5時間×50kg＝150ｋｃａｌ

合計約500ｋｃａｌのエネルギー消費があったことになります。実際には、サッカーとジョギングだけでなく、もっと多くの運動が組み合わされていると思いますので、あくまでも概算です。ここでは、体格によっても消費エネルギー量に差があることがわかります。

特に運動をしない人に比べて、これだけエネルギーを消費するわけですから、このことからもエネルギーの素である食事がいかに大切であるか、わかっていただけるかと思います。

表 1-1　各種運動・スポーツのメッツ

メッツ	運動・スポーツの種類
	ストレッチング、全身を使ったテレビゲーム（バランス運動、ヨガ）
	ヨガ、ビリヤード
	座って行うラジオ体操
	ボウリング、バレーボール、社交ダンス（ワルツ、サンバ、タンゴ）、ピラティス、太極拳
	自転車エルゴメータ（30 ～ 50 ワット）、自体重を使った軽い筋力トレーニング（軽・中等度）、体操（家で、軽・中等度）、ゴルフ（手引きカートを使って）、カヌー
	全身を使ったテレビゲーム（スポーツ・ダンス）
	卓球、パワーヨガ、ラジオ体操第 1
	やや速歩（平地、やや速めに＝毎分 93m）、ゴルフ（クラブを担いで運ぶ）
	テニス（ダブルスの試合）、水中歩行（中等度）、ラジオ体操第 2
	水泳（ゆっくりとした背泳）
	かなり速歩（平地、速く＝毎分 107m）、野球、ソフトボール、サーフィン、バレエ（モダン、ジャズ）
	水泳（ゆっくりとした平泳ぎ）、スキー、アクアビクス
	バドミントン
	ゆっくりとしたジョギング、ウエイトトレーニング（高強度、パワーリフティング、ボディビル）、バスケットボール、水泳（のんびり泳ぐ）
	山を登る（0 ～ 4.1kg の荷物を持って）
	自転車エルゴメータ（90 ～ 100 ワット）
	ジョギング、　　　、スキー、スケート、ハンドボール（試合）
	エアロビクス、テニス（シングルの試合）、山を登る（約 4.5 ～ 9.0kg の荷物を持って）
	サイクリング (時速約 20km)
	ランニング（毎分 134m）、水泳（クロール、普通の速さ＝毎分 46m 未満）、ラグビー（試合）
	ランニング（毎分 139m）
	ランニング（毎分 161m）
	水泳（クロール、速い＝毎分 69m）
	武道・武術（柔道、柔術、空手、キックボクシング、テコンドー）
	ランニング（毎分 188m）、自転車エルゴメータ（161 ～ 200 ワット）

出典：厚生労働科学研究費補助金（循環器疾患・糖尿病等生活習慣病対策総合研究事業）「健康づくりのための運動基準 2006 改定のためのシステマティックレビュー」

基礎
03

三大栄養素「糖質・脂質・たんぱく質」を理解しよう

POINT

1 炭水化物の摂取が運動パフォーマンスに大きくかかわる
2 基本的には脳を働かせるエネルギーは炭水化物由来のものが原則
3 エネルギーは運動しなくても生きていくだけでも必要である

「食べたものがエネルギーの素」というと「体を動かすエネルギー」を頭に浮かべて、「うん、そうだろうなぁ。昔から『腹が減っては戦はできぬ』と言っていたし…」と思う方も多いかもしれません。

でも、実は私たちの体は、特に運動はしないでもエネルギーを必要としますし、脳を働かせるにもエネルギーは欠かせないのです。「おなかが空いて、頭の中が空っぽになっちゃった」とか、「今日は1日頭を使ったから、甘いものが欲しい」などと思われた経験がある方もいるのではないでしょうか。

エネルギー源として働く栄養素を「三大栄養素」といいます。その栄養素は、糖質（炭水化物）、脂質、そしてたんぱく質です。

この3つの栄養素の中で、試合時の主なエネルギー源は「糖質」です。糖質を多く含むもので、「エネルギーチャージ」をしておく必要があります。

糖質というと「糖質制限ダイエット」とか「ロカボ」などという言葉が思い浮かび、よいイメージを持たない方もいるかもしれません。しかし、運動量が多くて、試合や練習時間が長いサッカー選手には、実は炭水化物はしっかり摂ってほしい栄養素です。

そこでまず、五大栄養素の中でエネルギー源になる栄養素「糖質・脂質・たんぱく質」についてしっかり理解しましょう。

糖質（炭水化物）

サッカー選手にとって、大事なエネルギー源である炭水化物ですが、先ほどから糖質（炭水化物）と書いたり、糖質、炭水化物と書いたりと、なんだか紛らわしいですね。

炭水化物というと糖質と考えられていますが、炭水化物＝（イコール）糖質ではありません。

炭水化物は、糖質と食物繊維に分けられます。糖質は消化吸収されて、1g当たり4kcalのエネルギーになります。食物繊維は消化酵素では消化されないため、以前は「食べ物のカス」ともいわれていた時期もありました。今ではさまざまな働きがわかり、第6の栄養素といわれるほどに注目されていますが、エネルギー源としてみるとほぼ0に等しいのです。そのため、エネルギー源として考えるときは、炭水化物≒（ニアリーイコール）糖質と考えて問題ないと思います。

私たちが食べた糖質は、消化吸収された後、肝臓経由で血中に入りエネルギー源として使われますが、筋肉や肝臓では「グリコーゲン」として貯蔵された後、再び必要に応じてグルコースとなって使われます。糖質の消化吸収について少し説明を加えますが、糖質の消化酵素の一つは唾液の中にも含まれています。つまり、糖質の消化吸収は口腔から始まり、「よく噛む」ことは、消化のためにも大事なことです。

摂りたい糖質の量を計算しよう

大人の糖質摂取の目安量は、UEFA（欧州サッカー連盟）が2020年に声明を出していますが、それによると、1日に体重1kg当たり6～8gとされています。6～8gと幅がありますが、その日のトレーニング強度が高ければ8gというように考えます。

体重70kgの選手の場合は、

糖質6～8g×体重70kg≒420～560g になります。

ただし、これは摂りたい「糖質」の量ですから、例えば、糖質を多く含む「ごはん」の量ではありません。ごはんは、お茶わん1杯約150gですが、糖質の量となると56gです。

やや面倒なことですが、『栄養素の量≠（ノットイコール）食品の量』という考え方をしっかり身につけていないと、「しっかり摂っていたつもりが、かなり不足していた」ということにもなりかねないので、注意しましょう。

換算表などを参考に、「目安量」を把握しておくとよいと思います（表1-2)。ただし、食品は個体差が必ずあるものですから、あくまでも目安です。あまり神経質になる必要はないと思いますので、あくまでも食べるときの「目安」としてとらえていただければよいと思います。

試合&練習前のエネルギー補給と試合や練習後のリカバリーのための栄養補給

試合と練習時のエネルギー補給は、糖質によるものが理想です。

試合と練習（特に大事な試合の場合）の前は、開始時刻の3〜4時間前に消化のよいもので、エネルギー源になるものを摂っておきます。理想的には、エネルギーは満タンで、胃の中はすでに消化されている状態と思ってください。

消化されて胃の中が空っぽの状態になっているので、もしかすると、試合や練習の開始前までに空腹感を感じることもあるかもしれません。その場合は、試合や練習の開始までの時間を見ながら、それまでに消化できるものを摂ってください。

表 1-2　炭水化物を多く含む食品と糖質の量

食品名	1食の目安量	エネルギー（kcal）	糖質（g）
焼きおにぎり	1個（80 g）	133	32
ごはん	茶わん1杯（150 g）	234	56
食パン	6枚切り1枚（60g）	149	28
ロールパン	1個（40 g）	124	19
うどん（ゆで）	1玉（250 g）	238	54
もち	1個（40 g）	89	20
スパゲッティ（乾）	1人前（80 g）	278	59
バナナ	1本（100 g）	93	23

出典：『日本食品標準成分表 2020 年版（八訂）』より計算

試合と練習の後は、「使ったエネルギーの補充」と「負担のかかった筋肉のケア」を考えた栄養補給が大事です。そして、糖質とたんぱく質の栄養補給が「リカバリー」といわれるものです。

試合と練習後には体内に貯蔵している「グリコーゲン」が減少しています。グラフからも高糖質食を摂ることでグリコーゲンの回復（リカバリー）が見られることがわかります。効率的にグリコーゲンのリカバリーを図りましょう（図１－４）。

脂質

とかく嫌われものの脂質ですが、エネルギー源としても大きな役割があります。

エネルギー源になる三大栄養素の糖質・脂質・たんぱく質の中でも、脂質は１g当たり９kcalと、糖質の２倍以上のエネルギーを有します。

また、下の図（図１－５、１－６）から、運動強度や運動時間によって、糖質よりも脂質がエネルギー

図 1-4 高糖質食と低糖質食が筋グリコーゲンの回復に与える影響

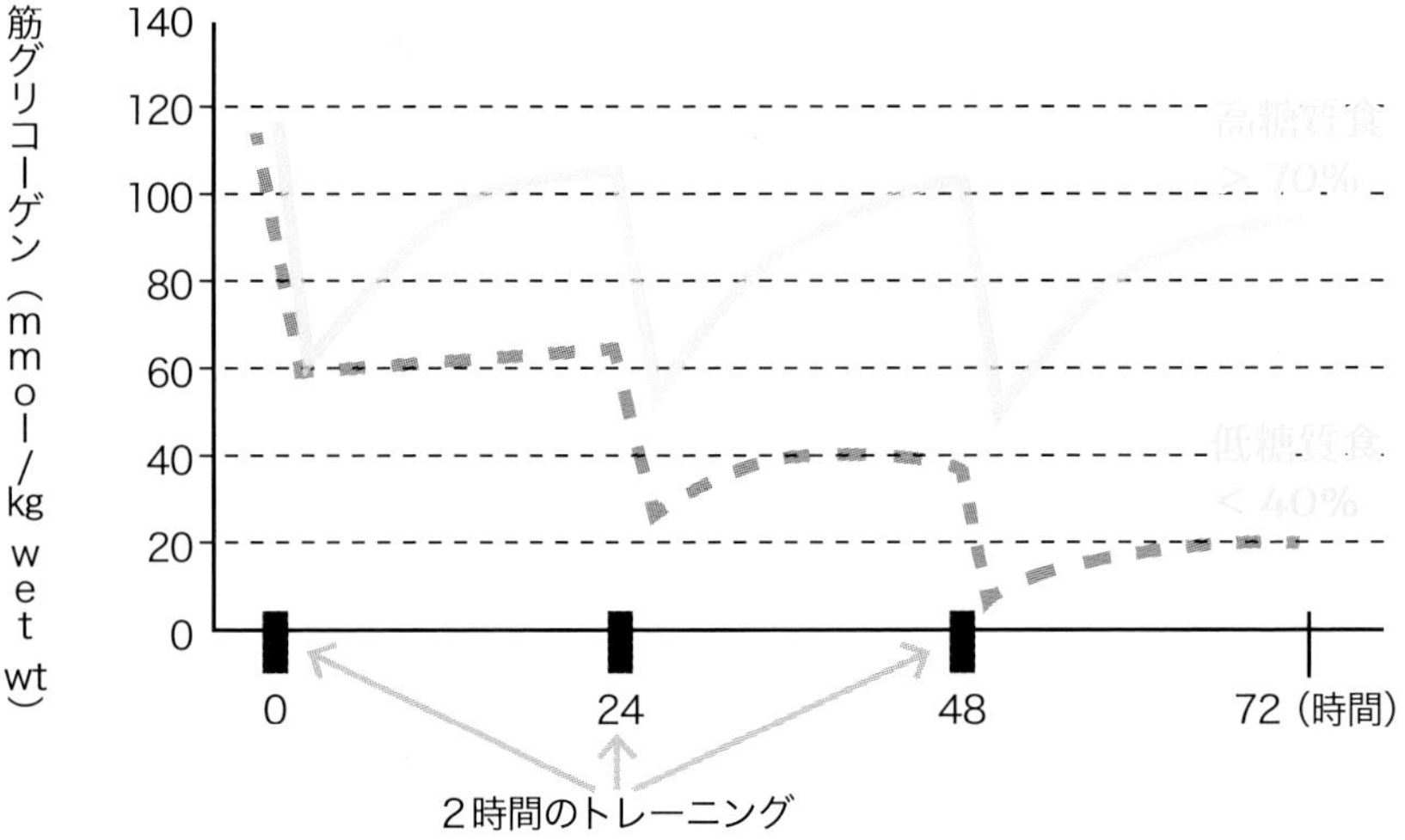

出典：Costili DL, Miller JM: Nutrition for endurance sport: carbohydrate and fluid balance. Int J Sports Med. 1(1): 2–14, 1980.

源として使われることがわかります。とはいえ、運動強度が低い場合や運動時間が長い場合でも脂質だけがエネルギー源として使われるわけではないので、糖質（炭水化物）の補給は絶対に大事です。

たんぱく質

たんぱく質もエネルギー源です。とはいってもたんぱく質は後で説明する「体の材料」として大きな働きがあるので、エネルギー源として利用されるのは、糖質や脂質が極端に少ないなど特別の場合に限られます。

糖や脂質のエネルギー源が不足してしまうと、体のたんぱく質を分解してエネルギー源として利用することになるので、そうならないためにも糖質の補給は大切だといえます。

図 1-5 運動時間による糖質と脂質のエネルギー供給度合いの変化

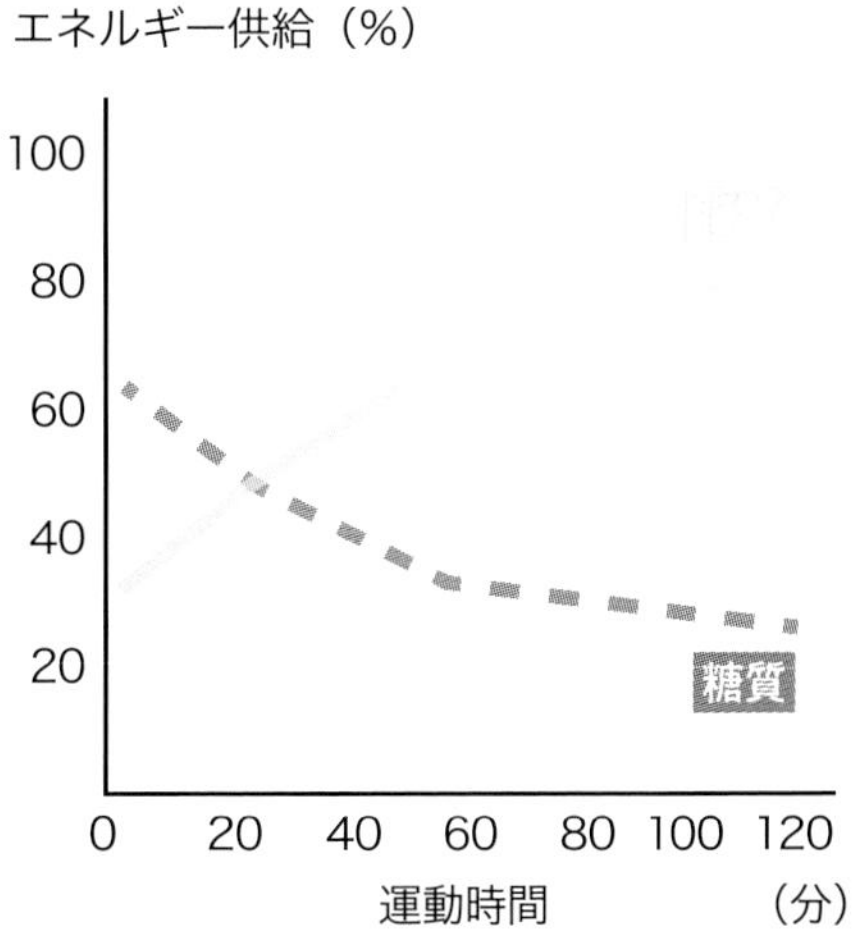

出典：Fox, E. L, 渡辺和彦訳（1982）『スポーツ生理学』より作成

図 1-6 運動の種類による糖質と脂質のエネルギー供給度合いの変化

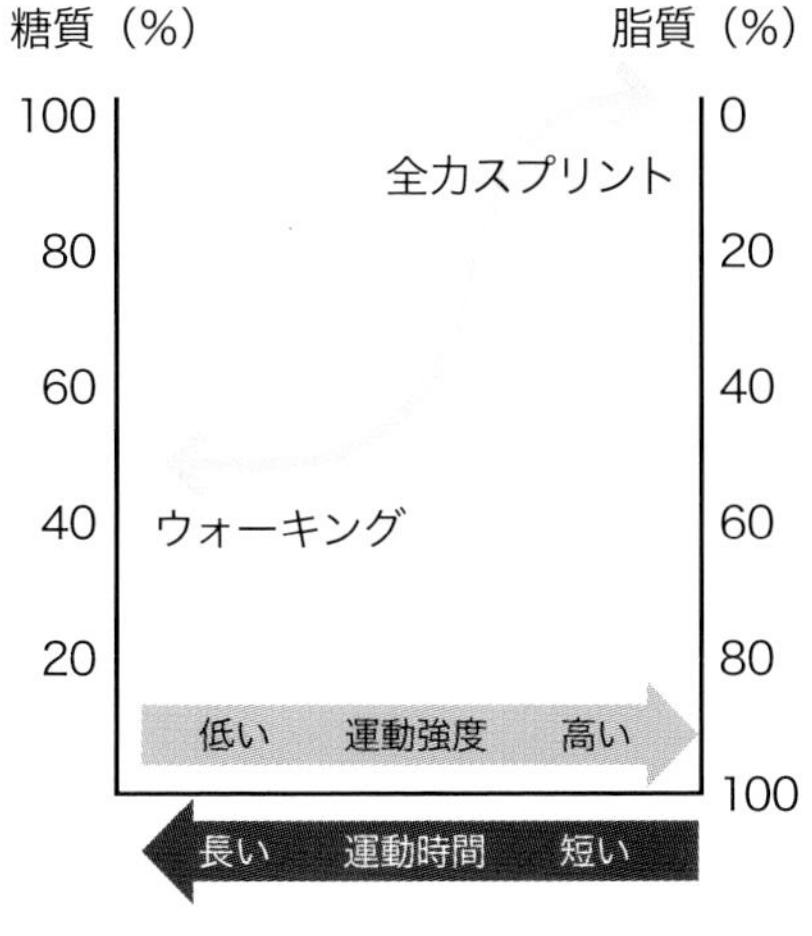

出典：Fox, E. L, 渡辺和彦訳（1982）『スポーツ生理学』より作成

基礎
04

たんぱく質のほかにも体づくりに重要な栄養素がある

POINT

1 食べたもので体はつくられている

2 たんぱく質、脂質、ミネラルは、構成素と呼ばれる体づくりにかかわる栄養素

3 「体づくり≠たんぱく質補給」ではない！体づくりの材料はほかにもある

4 たんぱく質は、食べたら食べただけ「筋肉」になるというわけではない

「食べたものが体の材料」と聞いたとき、体づくりに熱心な方ほど「食べたもの」とは「たんぱく質」のことだなと思う方が多いかと思います。

しかし実は、「体づくりは、たんぱく質だけ食べればよい」ということではありません。また、「食べたら食べただけ体が大きくなる」というものでもありません。

そこで、「体づくり≠筋肉づくり」（体づくりと筋肉づくりはイコールではない）ということです。特に成長期の場合は「体づくり ∪ 筋肉づくり＋骨づくり＋α」といつも意識してほしいと思っています（∪ の記号の意味は「含む」です）。なぜなら、大きな筋肉と丈夫な骨はいつもセットで考えるべきで、丈夫な骨でなければ、大きな筋肉は支えることができないからです。

「筋肉づくり」というと、「たんぱく質」と考えがちです。もちろんたんぱく質は最も必要な栄養素で、不足していれば筋肥大（筋肉が大きくなること）はありませんが、実は、たんぱく質だけ摂ればよいというものではありません。エネルギーの素である糖質もしっかり摂っていなければ、たんぱく質がエネルギー源として使われてしまうからです。つまり、糖質があってこそ、たんぱく質が筋肉づくりに有効利用されるのです。

また、筋肉づくりにはたんぱく質の代謝に重要なビタミン B_6 なども欠かせません。ビタミン B_6 は食事から摂ったたんぱく質をアミノ酸に分解・合成して、筋肉や血液などをつくるときにサポートしてくれる栄養素です。つまり、体づくりでは、たんぱく質もビタミン B_6 も糖質も欠かせないということですので、具体的には主食も主菜も摂れるバランスのとれた食事がここでも大事ということです。

また同様に、「骨づくり」というと「カルシウム」と考えがちですが、これも完璧な答えではありません。

カルシウムは、骨密度を高める働き、つまり丈夫な骨づくりには欠かせないものですが、骨質（構造や材質）の強化に必要不可欠なのがコラーゲンです。コラーゲンはたんぱく質の一種で、骨の構成成分のうち約50％はカルシウムなどのミネラル成分、残りの約50％はコラーゲンというように、骨にとって重要な構成成分です。

骨の構造はよく鉄筋コンクリートに例えられます。鉄筋コンクリートで鉄筋にあたる部分がコラーゲン、コンクリートにあたる部分がカルシウムです。鉄筋がもろければコンクリートをいくらつけても壊れやすく、逆に丈夫な鉄筋でもコンクリートがスカスカだとまたしかり。丈夫な骨づくりには、カルシウムとコラーゲンの両方が必要ということです（図1-7）。

成長ホルモン分泌のタイミングを逃さない栄養摂取

同じものでもいつ食べるかで効果にも違いが出ます。

体づくりには「成長ホルモン」の分泌が不可欠ですが、たんぱく質の摂取にもこのタイミングが大きく関係しま

図 1-7 骨の構造と鉄筋コンクリートとの関係

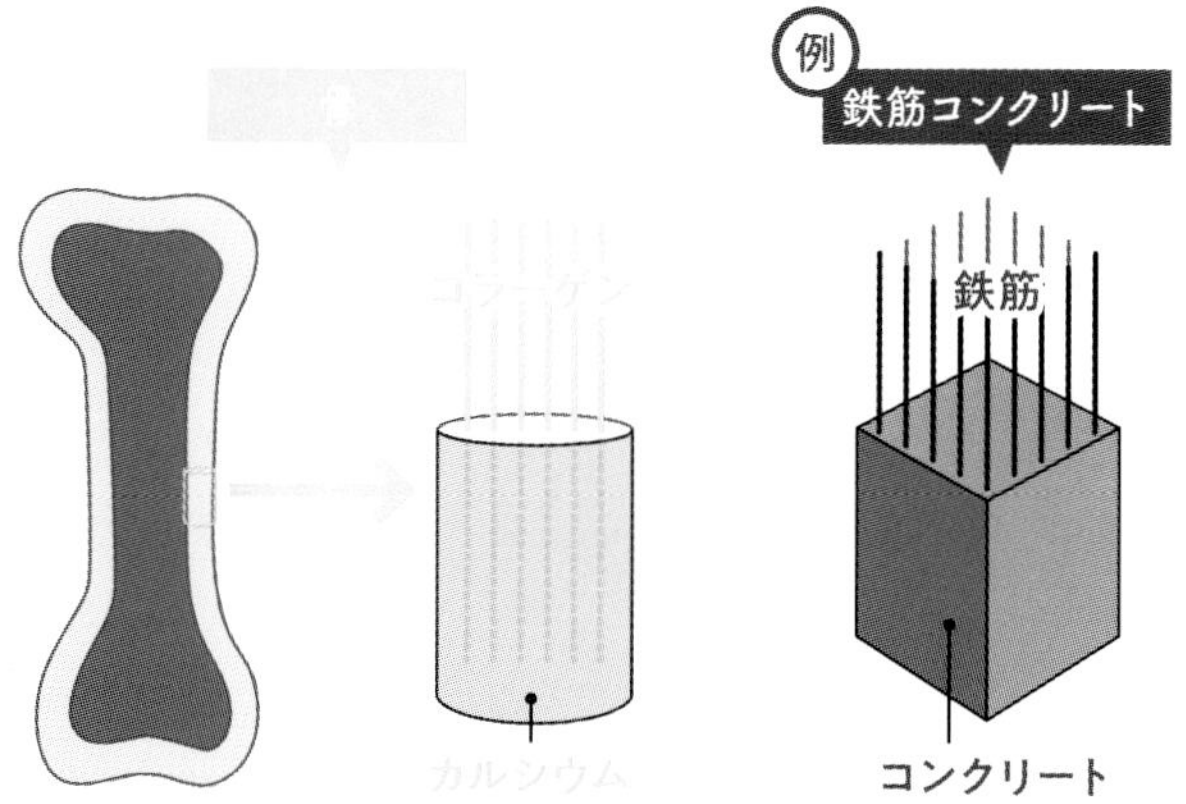

コラーゲンとは、人の皮膚・血管・靭帯・腱・軟骨などの組織を構成する繊維状のたんぱく質のことです。人間の場合、体内に存在するすべてのたんぱく質の約30%を占めており、そのうちの40%は皮膚に、20%は骨や軟骨に存在し、血管や内臓など全身の組織にも広く分布しています。

す。やや難しい話になりますが、成長ホルモンが分泌されているタイミングで、血中のアミノ酸濃度が高くなっていることが必要だということです。

そのために、成長ホルモン分泌のタイミング（図1-8）に合わせて、たんぱく質を多く含むものを摂取しておくことです。つまり、食べたものが消化吸収されて、血中のアミノ酸濃度が高まるまでの時間を計算してほしいということです。

具体的には、今日の夕方に筋力トレーニングを予定しているならば、昼食には質のよいたんぱく質が摂れるものを食べるようにするとか、午後の間食はたんぱく質を多く含む間食にするとかというように、トレーニングメニューの中に「栄養摂取のポイント」を入れておくことです。

ところでトレーニングメニューに「栄養摂取のポイント」を入れるということは、体づくりに限ったことではありません。例えば、日曜日の午後に練習試合が入っているとしたら、日曜日でも寝坊せずに起きて、エネルギー源になるものを朝食と昼食で摂ることなどもそれに含まれます。

図 1-8　成長ホルモンの分泌タイミング

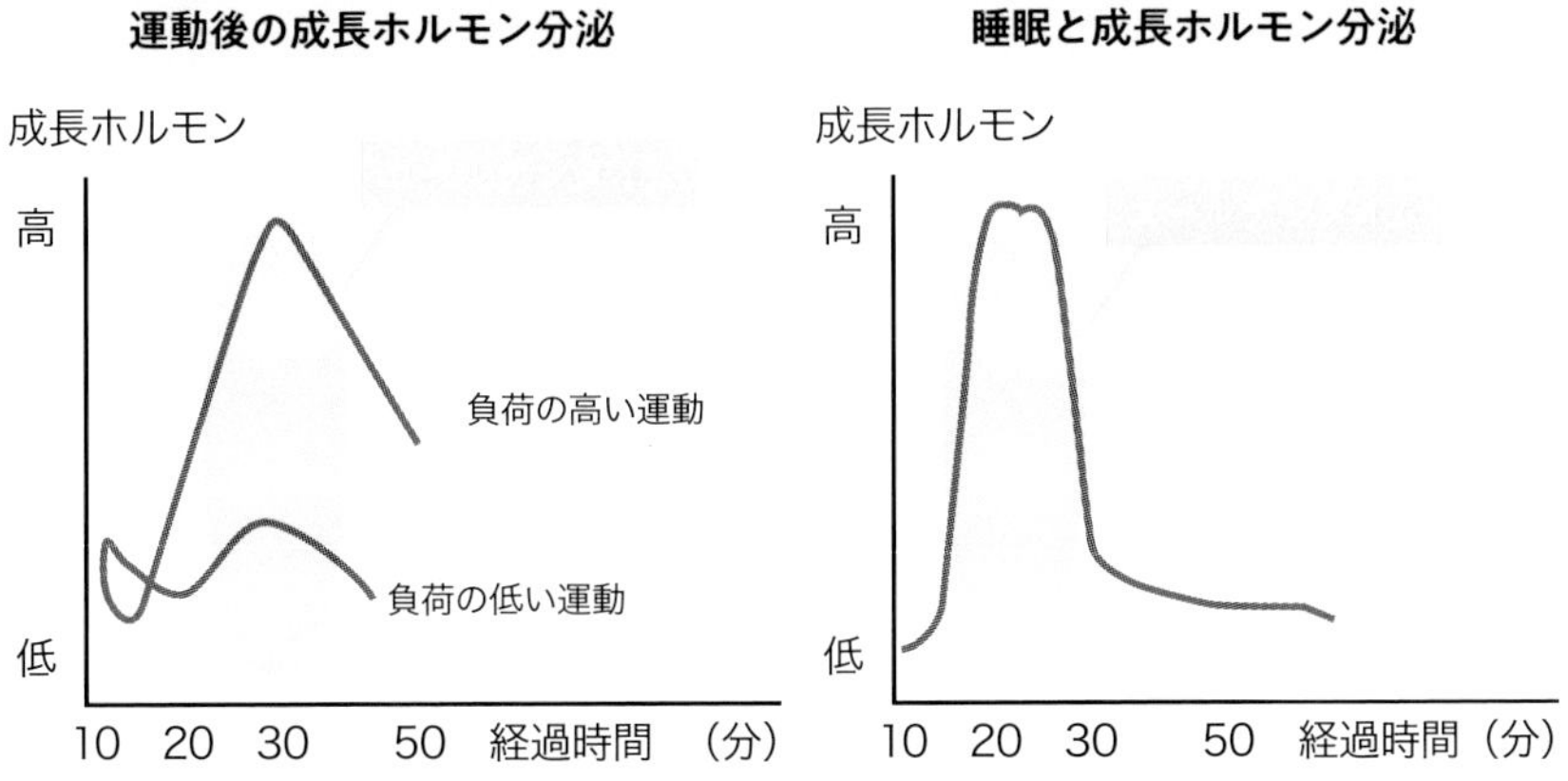

筋肉づくりには成長ホルモンの分泌が欠かせません。成長ホルモンの分泌のタイミングは、①筋肉トレーニングのような強度の高い運動直後、②就寝中です。このタイミングで血液中のアミノ酸濃度が高くなっているように、消化吸収の時間を考慮したうえで、たんぱく質を多く含むものを摂りましょう。

基礎 05

食べることを目的達成の手段として、食べたものを「心の栄養」に

POINT

1 食べることは、栄養を摂るだけでなく、楽しみである

2 食べることは、精神的健康感につながる

サッカー選手にとって食事は大事なエネルギー源ですし、体づくりの素です。サッカー選手にふさわしい食事が摂れていなければ、練習成果を発揮することもできにくかったり、せっかく筋力トレーニングをしてもその効果も出にくかったりします。ただ、それと同時に食事は、サッカー選手にとっても大きな楽しみでもあり、生きる活力や未来への希望にもつながります。

ある選手が、「現役のときは、サッカー選手にふさわしい食事を摂ろうと思っている。自分で自分に少し制限をかけても、最大限のパフォーマンスを発揮したいから」と言っていたのが印象に残っています。また、ある選手は「サッカー選手にふさわしい食事があるなら、少しの我慢が必要だとしてもそれに近づけたいと思うし、その努力を決してつらいとか思ったこともない。オフのときを上手に使って食べたいものも食べれば、ストレスになることもないから…」と話してくれたのを聞いて、すごくホッとしてうれしかったことを今でも覚えています。

また、あるオリンピックメダリストが、体重調整も含めたコンディション調整の話をしている中で、「嫌いな野菜を一生懸命に食べ、大好きなスイーツは我慢した」とのコメントを聞いたこともありました。アスリートにとっては、野菜には野菜の働きがあることを知っていて、肉やスイーツではその代わりにはならないということをオリンピックメダリストはよく理解していたのでしょう。そして、コンディションを維持するためには、食事の摂り方が大きく関係していることを伝えていました。また、「試合のときだけでなく、事前も含めて心身ともに整えておくことが大事」というコメントもありました。つまり、試合でパフォーマンスを発揮して結果を残すために、食事を含めたふだんの生活から大事に取り組まなければならない、ということですね。

食べたいものを、食べたいときに、食べたいだけ食べることが、心を豊かにするわけではありません。「食べる」ことを目的達成の手段として考えられることも「心もコントロールすること」につながるのだと思っています。

基礎
06

栄養素の種類と食品との関係

栄養素を食品とリンクさせて覚えよう

POINT

1 人に伝えるためにも栄養素の名前は正確に覚えよう!

2 栄養素を意識したら、「食品」に落とし込めるようになろう

バランスのとれた食事を意識しているのにできないワナ

サッカーに限らず、どんな競技の選手でも、いえアスリートではなくても誰でもですが、健康な生活を送るためには「バランスのとれた食事」を摂ることが基本です。

多くの人が「バランスのとれた食事」を意識するようになったために、栄養バランスに不安を覚える人をターゲットにした、栄養素や栄養成分をキーワードにした栄養補助食品がテレビCMや新聞広告で紹介されたり、

販売されているのではないかと思っています。

多くの人が「バランスのとれた食事」を意識しているのに、「バランスの悪さ」や「食事の偏り」が出てしまうのはなぜでしょうか？

さまざまな原因はあるかもしれませんが、一つの理由は「栄養素」と「食品」がリンクしていないのではないかと思っています。

例えば、「ごはん」です。「ごはん」に多く含まれる栄養素は、糖質（炭水化物）と多くの方は即答されると思います。もちろん、正解です。私もこの本の中で何度か触れています。

しかし、ごはん大盛り1杯（220ｇ）には、糖質約82ｇだけでなく、たんぱく質も約5.5ｇが含まれています（表1-3）。たんぱく質5.5ｇというと、普通牛乳で約175ml（ほぼコップ1杯）、卵約４分の３個分にもなります。

ごはんというと糖質供給源と考えがちですが、思っている以上にたんぱく質が摂れます。

「摂りたい栄養素」と「実際に摂れる栄養素」には誤差がある

たんぱく質源としてとらえられる肉についても見てみましょう。例えば、〝敵に勝つ〟に例えた〝ステーキ〟と〝トンカツ〟についてはどうでしょうか。

表からもわかるように、肉の種類や部位によっては、たんぱく質を摂るつもりでいても、実は脂質のほうがずっと多かったということにもなります（表1-4）。

このように「摂りたい栄養素」と「摂れてしまう栄養素」や「実際に摂れる栄養素」で誤差があることもあ

ります。つまり、栄養素と食品の関係は思っているものと違いがあることを知っておくことも大事です。

ちなみに肉というとたんぱく質というイメージですが、ビタミンやミネラルも一緒に摂ることができます。例えば、豚肉には炭水化物がエネルギーになるのに欠かせないビタミンB_1、牛肉には酸素の運搬に働く鉄というように、ふだんから運動量が多く、発汗量も多くて貧血が生じやすいサッカー選手にはうれしい栄養成分が多く含まれています。成鶏のむね肉には皮膚や粘膜を健康に保つ働きや光の明暗を感じる機能などにかかわるビタミンＡが豊富です（表1-5）。動体視力が大切なサッカーでは欠かせませんね。

ミネラルは食事から摂らなければならないもの

三大栄養素は、炭水化物・脂質・たんぱく質のエネルギー源になる栄養素を指します。一方、五大栄養素とは三大栄養素にミネラル（無機質）とビタミンを加えたものです。三大栄養素との大きな違いは、炭水化物も脂質もたんぱく質も一つの栄養素を指しますが、ミネラルやビタミンは、どちらもいくつかのミネラルやビタミンを併せ持っているもので、「総称」ともいえるかと思います。

ミネラルは、酸素、炭素、水素、窒素以外の元素のことで、体重の5％を占めているものです。体内には約40種類存在し、含まれている量はどれも微量ですが、体内では合成されないものなので、食事から摂らなくてはなりません。働きとしては、体の構成成分であるだけでなく、重要な生理機能にも関係しています。

ミネラルは、「多量ミネラル（1日の必要量が100㎎以上のもの）」と「微量ミネラル（1日の必要量が100㎎未満のもの）」と大きく2つに分けられます。

多量ミネラルの中でも最も多く含まれているのが、骨の成分でもある「カルシウム」です。骨や歯の成分であるほかに血液凝固や筋肉の収縮、神経の興奮抑制にも関係しているのですが、日本人に最も不足しているものなので、サッカー選手は特に意識したいものです。

微量ミネラルには「鉄」があります。体内の鉄の70％は赤血球中でヘモグロビンとして酸素運搬の働きを担っています。持久力にかかわる大事な栄養素ですから、不足のないよう摂りましょう。

鉄の摂取で気をつけたい点は次の通りです。

・レバーには鉄以外に過剰症のあるビタミンＡが多く含まれているので、あさりや高野豆腐も利用しよう
・吸収率が低いので、貧血傾向のある選手は鉄の吸収阻害になるもの（タンニンなど）を避けるために、コーヒーや濃いお茶などは食事中や食後すぐは飲用を控える

ビタミンは体の機能が正常に働くために欠かせないもの

ビタミンは、エネルギーもないうえ、体の構成成分にもなっていませんが、さまざまな機能が正常に働くために欠かせないものです。そのビタミンは、油に溶ける「脂溶性ビタミン」と水に溶ける「水溶性ビタミン」と大きく2つに分けられ、現在は全部で13種類です。

脂溶性ビタミンは、ビタミンＡ、ビタミンＤ、ビタミンＥ、ビタミンＫの4つですが、名前の通り油と一緒に調理することで吸収がよくなるものです。また、体内に蓄積しやすいので、過剰に摂取すると過剰症を起こす可能性もあるため注意が必要です。例えば、貧血傾向を心配して、レバーを食べるときには、レバーには鉄だけでなくビタミンＡも多く含まれているので、ビタミンＡの過剰症にならないよう食べる量や頻度にも注意が必要です。

水溶性ビタミンは、ビタミンＢ群の８種類とビタミンＣの９つです。水溶性ビタミンは調理によって水に溶け出ることがあるので、保存法や調理による工夫も必要になってきます。特に、ビタミンＢ群はさまざまな栄養素の代謝にかかわるものが多いので、摂取した栄養素がしっかり機能するためにも鉄が不足しないよう注意が必要です。例えば、ビタミンＢ１は糖質の代謝に関係するので、不足しているとせっかく糖質を摂取しても試合時にエネルギーが産生できないことにもなりかねません。

ちなみに、ビタミンＢ１は豚肉の赤身、ビタミン強化米などに多く含まれます。

「日本食品標準成分表」で正しい栄養価を知ろう

正しい数値を知るときに座右の書にしたいのは『日本食品標準成分表』です。『日本食品標準成分表』は、国内で食べられている食材の平均的な成分値を収載した日本のデータベースです。食品１００ｇ当たりのエネルギー量や栄養素量などを示しており、「食品成分表」という通称で呼ばれています。１９５０年に最初に策定して以来改訂を重ね、最新の食品成分表は、８回目の改訂を行った『日本食品標準成分表２０２０年版（八訂）』です。

文部科学省のサイト「食品成分データベース」（https://fooddb.mext.go.jp/）では、『日本食品標準成分表（八訂）増補２０２３年』をデータソースとして、インターネットを通じて食品成分に関するデータを提供しています。気になる食材がありましたら、フリーワード検索の欄に入力して調べてみてはいかがでしょうか。生のほか、焼き、ゆでなどの調理方法による栄養素の違いもわかりますので、きっとお役に立つと思います。

表 1-3 炭水化物を多く含む食品のたんぱく質の量

食品名	1食の目安量	エネルギー (kcal)	糖質（g）	たんぱく質 (g)
ごはん	大盛り1杯(220g)	343	82	5.5
角型食パン	6枚切り2枚 (120g)	298	56	10.7

出典：『日本食品標準成分表 2020 年版（八訂）』より計算

表 1-4 たんぱく質を多く含む食品の脂質の量

食品名	1食の目安量 (g)	エネルギー (kcal)	たんぱく質 (g)	脂質（g）
牛・サーロイン	150	501	25	42
牛・ヒレ	150	293	31	17
豚・ロース	150	394	29	29
豚・ヒレ	150	195	33	6
若鶏・もも皮付き	150	306	25	21
若鶏・もも皮なし	150	191	29	8
若鶏・ささみ	150	164	36	1

出典：『日本食品標準成分表 2020 年版（八訂）』より計算

表 1-5 たんぱく質を多く含む食品のビタミン・ミネラルの量

食品名	1食の目安量 (g)	鉄（mg）	ビタミンA（レチノール活性当量）（μg）	ビタミンB_1 (mg)
牛・サーロイン	150	1.5	12	0.09
牛・ヒレ	150	3.6	6	0.18
豚・ロース	150	0.5	9	1.03
豚・ヒレ	150	1.4	5	1.98
若鶏・もも皮付き	150	0.9	60	0.15
若鶏・もも皮なし	150	0.9	24	0.18
若鶏・ささみ	150	0.5	8	0.14

出典：『日本食品標準成分表 2020 年版（八訂）』より計算

表 1-4、表 1-5 からわかること…①種類や部位によって、特に脂質では大きな違いがある⇒エネルギー量にも違いが出る。②肉の種類によってミネラル・ビタミンで特徴がある⇒牛肉は鉄が多いので、貧血傾向の選手は「赤身の牛肉」を食べるのがおすすめ。豚肉はビタミンB_1が多いので「試合前は豚肉派」と食の意識が高い選手はいうことも。鶏肉は見た目の色は薄いもののビタミン A が多い。

基礎
07

サッカー選手は1日3食＋αが大事

栄養の量とバランスを十分なものにするための食べ方

POINT

1 1日に必要な量が多かったなら、「3食＋αで食事回数を増やす」こともあり！

2 「＋α」は決しておやつではなく、間食よりももう少しレベルアップした「補食」と考えよう

食事の回数を増やしたほうが合理的なわけ

「食事が大事だというのはわかっているものの一度に食べられる量を増やすことが大変」という声を特に中学生くらいのお子さんをお持ちの保護者の方から聞くことがあります。

熱心な保護者の方だからこそ、我が子を食事で応援しよう！という気持ちの表れだと思ってうれしくもなるのですが、そのときに「赤ちゃんが離乳食や幼児食に移る際に、いきなり1日3食というのではなく、1日5

回食などの経験もなさいましたよね〜?!」とお話をさせていただきます。

つまり、一度に量をたくさん食べられないのであれば、「回数を増やす！」という簡単なことです。食事回数を増やして、1日に必要とされる量（栄養量とバランス）が合計でしっかり摂れていれば大丈夫です！

1日の食事回数を増やすということは、1回の食事量を無理なく食べられる量にすることです。1回の食事量が少なくなるということは、さらによいことがあります。実は、私たちの体は1回に利用できる栄養素の量に限度があるのです。

例えば、たんぱく質ですが、1回の食事で体づくりに利用できるたんぱく質の適量は、体重や年齢などにもよりますが、約20（〜40）gといわれています。そう考えると1回の食事でたくさんの量を食べるよりも食事回数を増やすほうが合理的といえます。

また、たんぱく質に限らず回数を分けたほうがよい栄養素もあります。水溶性ビタミンなど体に貯めておくことが難しい栄養素も数回に分けたほうがよいです。このようなことから、一度に食べられる量が多くなくても、逆にそれを「食事回数を増やすチャンス」と考えてください。

実は成長するにしたがって、食べられる量や食べる速さも求められることがあります。例えば合宿などです。そのようなときに、食べることでも足並みがそろえられることも大事です。矛盾していると感じられるかもしれませんが、量や速さも視野に入れておきましょう。

食事回数を増やす（≠補食を利用する）うえでの注意点

①朝食・昼食・夕食の3食を主に考えて、3食に影響が出るような時間や量にならないようにする

「＋α」は大事ですが、朝食・昼食・夕食といった本来の食事に影響するほどの量を食べるのは本末転倒です。寮や食堂が完備されて練習後すぐに食事が摂れる環境なら、練習直後はオレンジジュース1本（250㎖、約115kcal）での、水分補給＋エネルギー補給程度でもかまいません。自分の生活リズムの中で「どのタイミングで、何を食べることができるか」を考えておきましょう。

②「＋α」に関しては、意味を考えて「おやつ」にはならないようにする

「＋α」は、1日に必要とされる量をしっかり摂るための3食以外の「間食や補食」のことです。おやつは楽しみや自分のご褒美ともいうべき「心の栄養」にはなりますが、ケーキやスナック菓子ではサッカー選手として足りない栄養素を補うことは難しいので、「＋α」とはなりません。

エネルギー切れにならないために、練習前などに摂る「エネルギー源になるもの」、1回の食事量が少なかったりしたときに、「エネルギー源やたんぱく質などになるもの」を、練習前後に「＋α」として摂ることができれば、1日に必要な栄養の量とバランスを補う有効な手段になります。

「＋α」を利用する利点は

①食事回数が増えるために、食べる食品の数が増える（可能性がある）

主菜になる食品を考えてみましょう。肉と魚では、たんぱく質を構成しているアミノ酸の種類も、脂質を構成している脂肪酸にも違いがあります。また、肉や魚以外の主菜になる食品（卵や大豆製品）でも同様のことがいえます。それらを考えるとさまざまな食品を摂ることは有効といえます。

②食事を3食だけで摂るよりも「タイミング」がとりやすい

同じものでも「いつ食べるか？」で効果に大きな違いがあります。「＋α（3食以外の食事）」にあたる補食は、携行しやすいことも含め、タイミングをとりやすい（最適なタイミングでとることができる）という大きな利点があります。

【エネルギー源の補給】

練習や試合時にエネルギー不足のままだと集中力や注意力に影響が出ます。また、練習や試合後に使ったエネルギーを補充せずにいると、すでに筋肉になっているたんぱく質が分解されて、エネルギー源として使われることにもなります。タイミングを逸しないための補食はとても大事です。練習や試合前の補食では、エネルギー補給と同時に「水分補給」も一緒に摂れるものを用意するようにしてください。

【体づくりのための補食】

体づくりを考えた場合は、運動直後の「成長ホルモンが分泌されているタイミング」を逸しないようにするため、携行できる補食の準備をすることはとても有効です。

表1-6 練習前後の補食（＋α）のおすすめは？

タイミング		目的	おすすめの補食例
練習（試合）前	開始1〜2時間前	（体も脳も）バテずに動けるためのエネルギー補給 炭水化物（糖質）中心、脂質控えめ	おにぎり＋オレンジジュース、あんぱん＋麦茶、おもち＋みそ汁、バナナ、スポーツドリンク、エネルギーゼリーなど
練習（試合）後	終了後なるべく早めに	使ったエネルギーの補給≒グリコーゲンの再貯蔵＝疲労回復（翌日に疲れを残さない） 成長ホルモンの分泌に合わせた「材料」の補給 ※炭水化物（糖質）：たんぱく質＝3：1	ハムサンド＋トマトジュース、魚肉ソーセージ＋おにぎり、飲むヨーグルト＋ミルクパン、カステラ＋牛乳など

基礎
08

「食選力」を身につけて状況に合った食事をそろえよう

POINT

1 食事の摂り方の基本は、「主食＋主菜＋副菜（野菜のおかず）＋汁物＋牛乳・乳製品＋果物」

2 食事をそろえるとは、「作る（調理する）」だけではない

3 食事をそろえるとは、「外食でメニューを選ぶ力」や「中食を選ぶ力」にもつながる

サッカーと食事の関係の一番は、「バランスのとれた食事」を状況に合わせて、上手に摂れるようになることです。そのためには、公式として「主食＋主菜＋副菜（野菜のおかず）＋汁物＋牛乳・乳製品＋果物」をしっかり覚えることです（表1-7参照）。

そして、それぞれの役目を一緒に覚えておけば、どこを多めに摂ろうとかといった各カテゴリー（分類ごと）

の微調整ができますし、各カテゴリーの中でも「これを選ぼう」という中身の調整もできます。さまざまなシチュエーションがありますが、いくつか例を挙げてみましょう（表1-8）。

表1-7 主食、主菜、副菜、汁物、牛乳・乳製品、果物の内容

カテゴリー（分類）	メニュー	主な働き	調理例
主食	米や小麦粉を素にした穀類で、糖質を含む	主にエネルギー源になる	おにぎり、力うどん、スパゲティ、トースト、サンドイッチ
[illegible]	肉類・魚類・卵・大豆製品が材料の食事の中心になる主たるおかず	体づくりの材料	しょうが焼き、焼き魚、冷奴、納豆、小魚のマリネなど
[illegible]	野菜・いも類・きのこ・海藻などが材料になるおかず	主食や主菜では摂りにくいビタミンやミネラル、食物繊維が摂れる	お浸し、煮物、サラダ、酢の物、野菜炒め、里いもの煮物
[illegible]	汁物に具材を入れたメニューで、主菜、副菜で摂りにくい素材で作ることもできる	みそ汁・スープなどで、水分＋ミネラルが摂れるので、水分補給に汁物付きの食事は欠かせない。具だくさんにすることで「副菜代わり」にもなる	みそ汁、豚汁、けんちん汁、コーンスープ、ミネストローネなど
[illegible]	牛乳やヨーグルトをそのまま使うだけでなく、素材としても使える	日本人が不足しがちなカルシウムにたんぱく質、ビタミンB群も摂れる	ヨーグルト、ミルクココア、コーンスープ、ポタージュ、ヨーグルトゼリー、チーズ入りサラダ
[illegible]	ビタミン、ミネラルが豊富なうえ、糖質も多い。エネルギー補給にも使える。エネルギーづくりにかかわるクエン酸が含まれるものもある	ビタミンやミネラル、すぐにエネルギー源になる糖質が含まれる。デザート代わりにも使える	カットフルーツ、100%ジュース

バランスや目的を考えて、基本に則った「食事をそろえる」というときは、必ずしも「作る（調理する）」ことを指しているわけではありません。

もちろん、最初から「料理しなくていいよ」というわけではありませんし、料理が作れればそれに越したことはありません。ただ、食事は1年365日、1日3食のことですから、無理しないで「サッカー選手にふさわしいということを考えた食事」をしてほしいと思います。そのためには、「作るだけ」が方策ではないと考えて、肩の力を抜いて楽しい気持ちで食事に向き合ってください。

「作らない」で食べるときに大事なことは「選ぶ力（食選力）」です（自分で料理を作るときにももちろん大事です）。外食（レストランなど外へ出かけて食べる食事のこと）では、メニューの中から「自分が食べるべき食事」を選ぶことが大事です。私はよく「目で選ぶのではなく、頭で選んでね」と話すのですが、とかくおいしそうな写真付きのメニューだと、見るものすべてがおいしそうで、どれも食べたくなってしまうのですが、そのときこそ「頭で選ぶ」ことを思い出してください。

中食（テイクアウトやお弁当など家以外で調理したものを家で食べること）でも共通します。特に中食の場合は、バランスのとれた食事の公式が頭に入っていれば、主食のごはんと冷凍ほうれんそうは家にあるからほかに何を買おうかなと、家にあるものと買うものを上手にすみ分けられます。それがまさに「選ぶ力」です。

実は、この「選ぶ力」が身についていると、合宿などでビュッフェスタイルの食事のときにもとても役に立ちます。私は「まずは、何があるか一通り見てから、お盆を持って必要なものを選んでね」と話しますが、そ

表1-8 シチュエーション別の食事の選び方

対象	場面と選び方のポイント	選ぶものの例
小学生	[大会時のおやつ] 小学生の場合は大会時にお弁当と一緒に「おやつ」を持ってきている場合があるが、ここでのおやつは「間食・補食」の考え方へつながるようにする	小ぶりのあんぱん、果物(バナナ・りんご・みかんなど)、エネルギーバー、プロテインバー、ゼリーなど
クラブチーム中学生	[練習前・練習後に食べる補食をコンビニで買う] 帰宅に1時間かかるので、練習後の夕食に影響しない程度の量でリカバリーを意識したものを選ぶ	牛乳＋あんぱん、鮭おにぎり＋オレンジジュース、かまぼこバー、飲むヨーグルト、チーズ
高校生①	[合宿中の部活に保護者会からの差し入れ] 練習前後や練習中に利用できるもの、日持ちがするもの	バナナ、スポーツドリンク、プロテインバー、カステラ
高校生②	[遠征の帰りに、サービスエリアやファミレスで食事] 試合後の解放感を味わいながらも、「食べたいもの」だけが先行しないように。試合後の食事では「リカバリー」を心掛け、炭水化物(使ったエネルギーの補充)＋たんぱく質(負担のかかった筋肉のケア)を意識する。※ハードな試合では消化器官にも影響が出ていることがあるので、脂質の摂り過ぎには配慮が必要	丼物(鶏肉の照り焼き丼、豚丼、親子丼、しらす丼など)、うどん(豚汁うどん、ほうとう、きのこうどん、カレーうどんなど)、パスタ(和風海鮮スパゲティ、スープパスタなど)、ラーメン(あっさりラーメン；背油などがのっていないタイプ、野菜ラーメン、ワンタンメンなど)
大学生サークル	[練習前の補食用] 大学生だと食事時間や内容も不規則なので、練習前にエネルギー補給をしておく	鮭のおにぎり、エネルギーゼリー、スポーツドリンク
社会人の同好会	[休日の練習後の補食用] 休日の社会人は食事も不規則になりがち。練習後もそのまま懇親会になる可能性もある	100%オレンジジュース、牛乳、魚肉ソーセージ、エネルギーバー
すべての年代	[夜遅い食事] 夜遅い食事は原則食べないことが原則。とはいえ、食事量そのものが足りない場合や空腹で寝られないときにおすすめのもの	煮込みうどん、雑炊、ホットミルクなど
番外	[飲酒を伴う外食] 飲酒には多少のメリットもあるものの、アルコールの解毒も体づくりも、肝臓が担うため、アスリートにとっての飲酒はデメリットのほうが多い。高たんぱく質低脂質のもの、ビタミンCの多いものを選ぶ	鶏肉(皮なしむね肉、ささみなど)料理、魚介類(エビのスチーム料理、イカのフリットなど)の料理、ほうれんそうのソテー、グリル野菜など

れが「選ぶ力」の集大成だと思っています。

Column 01

「脂質」は悪者？

ダイエット志向の若い女性に限らず、とかく「脂質」は嫌われもの的に扱われます。なぜでしょうか？

考えられる理由の一番は、エネルギー源になる三大栄養素（炭水化物、脂質、たんぱく質）の中で、最もエネルギー量が高いことかもしれません。つまり、脂質の多いものを食べ過ぎると体重や体脂肪が増えたりすることが懸念されることも理由の一つなのでしょう。

しかし、脂質は絶対に欠かすことのできない栄養素でもあります。私たちの体を作っている 約６０兆個の細胞の細胞膜も、さまざまなホルモンも、脂質が材料です。また、脂溶性ビタミンの吸収や貯蔵などに欠かすことのできないなどの大事な働きがあります。

とはいえ、脂質の種類によって働きもさまざまで、多く摂り過ぎることで健康を損なう可能性のあるものもあります。

一般的には、脂質を構成する脂肪酸の特性によって種類が分けられます。摂り過ぎが心配される「飽和脂肪酸」は、主に動物性脂質に多く含まれていて、常温で固体のことが多く、「脂」と表現されています。常温で固体なので、摂り過ぎると私たちの体内でも血管壁に付いてしまう可能性があり、動脈硬化の原因になります。

反対に、近年注目されている亜麻仁油やえごま油などは「不飽和脂肪酸」の仲間です。不飽和脂肪酸とは、炭素同士の二重結合がある構造の脂肪酸のことで、常温で液体のえごま油や亜麻仁油のほか、魚油など「油」と表現されるものです。不飽和脂肪酸はコレステロールの過剰を予防する働きがあります。

最近耳にすることが多くなった「トランス脂肪酸」は、植物油の加工の過程で発生する脂肪酸のことですが、自然界においても発生するものもあります。過剰に摂取することで心疾患リスクが上がることなどから、WHO では総摂取エネルギー量の１％未満にするよう勧告しています。ただ、日本では食生活の違いから脂質そのものの摂取が少なく、基準も適用外でしたが、最近はさまざまな立場から関心が寄せられています。

第2章

実践編

●●●

日々練習に励んでいるサッカー選手は、
毎日の「1日3食（＋α）」の食事を、
バランスよくしっかり食べることが大事。
練習・試合前後や貧血予防なども含めて、
すぐに役立つ食べ方のコツを紹介します。

実践
01

まず、ふだんの食事をしっかり食べよう！

大事なのは「ふだんから1日3食、バランスよくしっかり食べる」こと

POINT

1 ごはん＋肉や魚のおかず＋野菜のおかず＋汁物 がそろったものを毎食食べる！
2 「1日3食（以上）」しっかり食べる（朝食を欠食しない！）
3 なるべく好き嫌いはなくす
4 食べる速さの調節ができるようにしておく

ふだんの1日3食の食事を大切にするコツを知ろう

「何を食べたら、強くなれるか?」とか、「何を食べたら、大きくなれるか?」などという質問を受けることが、選手本人からも、保護者の方からもときどきあります。きっと、熱心な選手だからこその質問だと思います。しかし、残念ながら、「これさえ食べればよい」という答えはありません。大事なことは何かということですが、それは「ふだんから、1日3食、バランスよくしっかり食べること！」です。

「ふだんから1日3食、バランスよくしっかり食べる」とは、具体的には次の4点の提案になります。

ごはん＋肉や魚のおかず＋野菜のおかず＋汁物がそろったものを毎食食べる！

基礎1で紹介した「食事バランスガイド」（図1-1参照）をイメージできて、ふだんの食事で実行できればもちろんよいのですが、最低限守ってほしいことは、「ごはん」＋「肉や魚のおかず」＋「野菜のおかず」＋「汁物」がそろったものを毎食食べる！ことです。

　私は栄養士を目指す学生や体育の先生に

図 2-1 食事バランスガイドの優れているところ

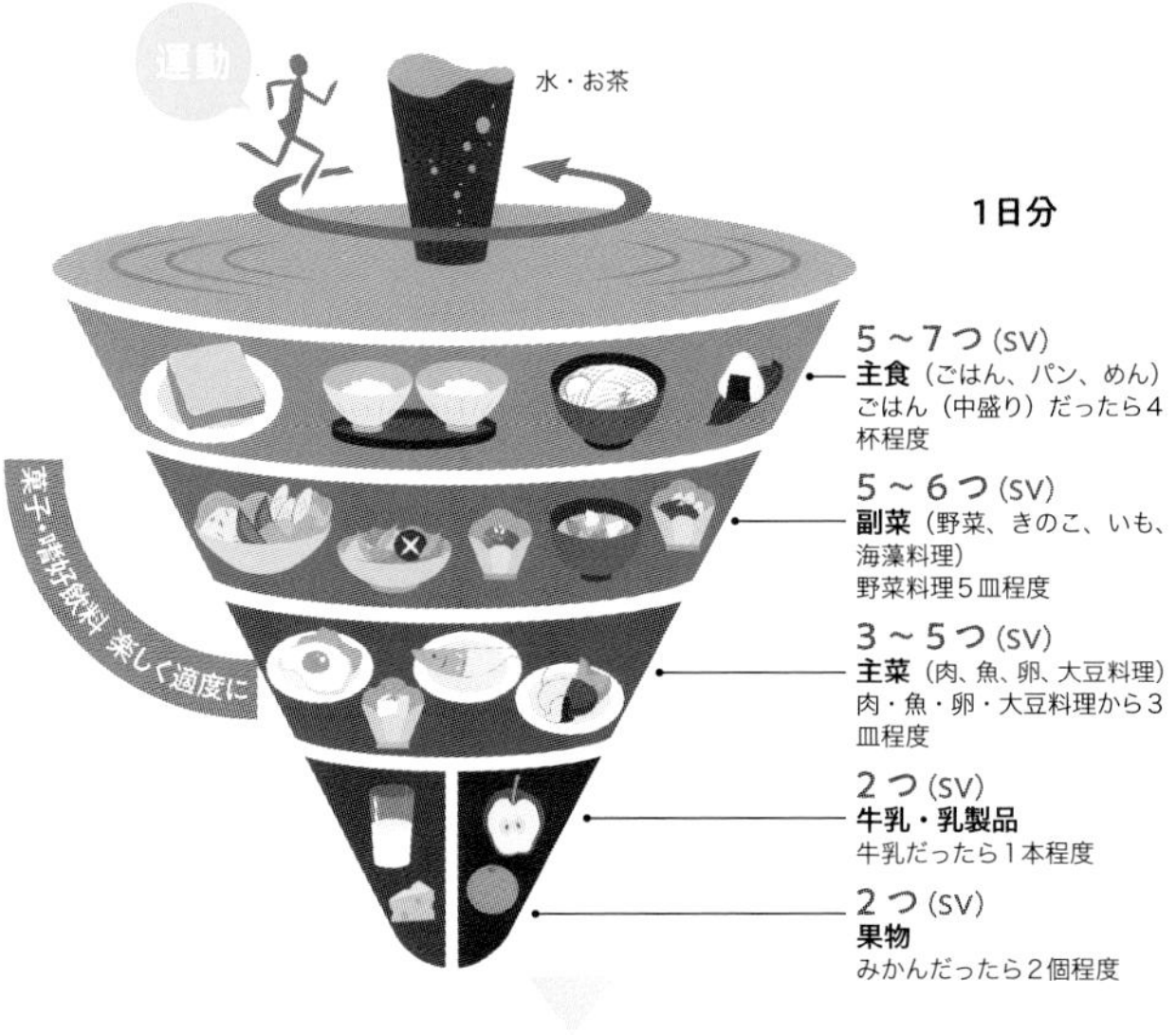

「食事バランスガイド」の優れているところ

①イラストの形が「コマ」であるから、バランスが崩れると倒れてしまう⇒バランスが大事
②上から順番にしっかり摂りたいもので、各カテゴリーの大きさはほぼ摂りたい量に比例する
③付属品も大事な働きを表している
・コマの軸が水分　・コマ上を走る人が運動することの大事さ
・コマを回すひもが嗜好品
④各カテゴリーの色が働きをイメージしやすい
・主食＝黄色・エネルギーの素　・副菜＝緑色・安全を司る
・主菜＝赤色・体の材料（筋肉など）

厚生労働省・農林水産省共同策定　2005年6月

なって部活の指導をしたいという夢を持っている学生に、「食事バランスガイドはフリーハンドで描けるようになってね」と伝えています。それは、「食事バランスガイド」をイメージして描くことができれば、その意味や役割（図２-１）を理解して、今食べている食事を、あるいはこれから食べる食事で何を選ぶかを、自分で考えることができると思うからです。

「1日3食（＋α）」しっかり食べる

「1日3食（＋α）」しっかり食べる。この3食とは、特に「朝食」を意識しての提案です。

さまざまな調査で朝食を食べない人について報告されていますが、朝食を欠食する人の割合は、小中学生でも男子が約４％、女子は約７％です。この数字が、高校生年代になると男子が約15％、女子が約11％と急に増えています。

これは、高校生になることで、通学時間がかかるようになったためとか、食べる時間がなくなったなど、さまざまな理由があるかと思いますが、中学生までの間に「朝食を食べなければ、1日がスタートしない！」と思える食習慣をつけておくことが大事だと思っています。

不思議なもので、朝食を摂らないことが普通になってしまうと、徐々に空腹感を感じなくなって、そのうち「朝食を食べるとおなかが痛くなる」とか「朝食を食べると気持ちが悪くなる」などといったようになってしまいます。

そして、中には「大丈夫！　僕は昼食で2人前くらい食べているから…」と言っている生徒を見かけます。しかし、本当に2人前食べているのでしょうか？　また、もし、本当に2人前食べていたとしてもそれがすべて利用できているかというと、やや疑問です。

私たちの体は、「食べた量」とそれを「利用できる量」は、必ずしも同じではありません。

例えば、たんぱく質をいつもの1食分の2倍食べたとします。しかし、摂ったたんぱく質がすべて体づくりの材料として利用できるわけではありません。また、水溶性のビタミンは体に貯えられないので、多く摂り過ぎたものは尿と一緒に排泄されてしまうことになります。

というように、1日に摂る総量が同じだとしても、3食（＋α）に分けて摂ることのほうが、ずっと合理的で有効です。

好き嫌いはなるべくなくす

好き嫌いはなるべくないほうがいいですね。もし、嫌いなものがあったとしても、それに代わるものを食べられるなら「栄養的」にはほぼ問題ありません。ただ、食事は家庭で、家族とだけ摂るものではありません。合宿などに参加するようになると、合宿先などで用意されたみんなと同じものを食べることになります。嫌いなものがあることは、やはり不利です。

そして、そのことがきっかけで、合宿に行きたくなくなったりするかもしれませんし、ひいてはそれが原因でサッカーが嫌いになることにでもなったら、とても悲しいことです。もちろん、鼻をつまんで、目をつぶって飲み込むようなことは決しておすすめしませんし、そんな食べ方をしても体のためにはなりません。

だからこそ、「好きではないけれど、食べられなくはない」という好き嫌いの妥協点を設けておくことは、とても大事なことだと思います。

最後の４点目は、「食べる速さの調節ができるようにしておく」です。

みんなで食べる食事は、マナーを守った会話を楽しみながら、ゆっくり食べるものという考え方ももちろんあります。とはいえ、合宿などでは、食事時間、入浴時間、就寝時間など、細かくスケジュールが決まっていますから、なかなかそうもいかないこともあります。

チームメイトのみんなが食べ終わっても、まだ食べ切れていないと、待っているほうも、食べ切れていない本人も嫌なものです。そして、急げば急ぐほど、飲み込めなくなったりする光景を見ることもあります。

学校の給食もそうですが、「食べるスピード」を臨機応変にできること、そしてそのための「練習」も必要です。ふだんの家庭での食事から、さまざまな場面を想定して、「食べる練習」も大事だと、親子で共通理解をしてください。

実践
02

分食の意味を理解して、目的に適った食事を摂ろう

POINT

1 「夕食1」は練習前に食べるエネルギーづくりの食事
2 「夕食2」は練習後に帰宅してから食べるエネルギー補充＋疲労回復＋体づくりの夕食
3 「おやつ」で小腹が空いたのを紛らわさない

以前、お子さんがジュニア選手として頑張っているお母様から、こんな質問を受けました。

「夕方からの練習が終わって帰宅するともうすぐ夕食だというのに、空腹が我慢できずにお菓子を食べてしまう。その結果（予想通り）夕食では食事量が少なくなってしまって困っている」というものでした。夕方に練習があるジュニア選手では、よくあることのようです。

そこで、おすすめなのが「分食」です！

「分食」とは、夕食を練習前後の2度に分けて摂る方法のことです。昼食から6時間経つとエネルギー源はほぼ枯渇してしまっているので、練習前にエネルギー源になる「主食」を中心にした食事を摂っておくことが大事です。エネルギーがない状態で、練習を開始すると「集中力」や「注意力」が不足して効果が上がらないばかりか、思わぬケガにつながる可能性もあります。また、練習後の食事の意味は、練習で使ったエネルギー源の補充をして疲労回復を図ることと、睡眠中に分泌される成長ホルモンを有効に利用するための体の材料になるたんぱく質を摂ることです。

分食で大事なことは、特にジュニア選手では、「おやつ」と「補食」を区別するということです（基礎7参照）。

そのためには、

①練習に行く前に、練習で使うエネルギーに相当するもの（≒夕食1）を補給しておくこと

②練習から帰宅した時点では、おやつではなく夕食2に値するものをなるべく早く食べることです。

「夕食1」は練習前に食べるエネルギーづくりの食事（補食）

「夕食1」とは、練習前に摂る食事のことで、前倒しにした夕食の一部と考えてください。

食事の役割は、①エネルギーづくり、②体づくりと大きく2つあります。練習前の食事の役割は、①エネルギーづくりです。一般的には食事から6時間経つとエネルギーはほぼ枯渇状態に近いといわれていますから、夕方5時以降の練習の場合は、練習開始時（あるいは練習中）には、昼食から6時間以上経っているので体の

中は「エネルギー不足の状態」といえます。

エネルギー不足の状態で練習をするということは、体の動きにも違いが出ていますし、集中力や注意力にも影響があります。となると、練習効果が上がらないばかりか、思わぬケガにもつながりかねません。

ということで、練習前の「夕食1」は、効果的な練習のためにも重要ということになります。また、エネルギー切れの状態で練習をすると、筋肉が分解されてたんぱく質がエネルギー源として利用されてしまう心配もあります。

では、夕食1にふさわしいものは何でしょうか？　なんといっても効率的なエネルギー源である炭水化物（糖質）が摂れる「主食」です。そして、練習開始までの時間（消化吸収時間など）を考えて、メニューや量を調整するようにすることです。

【夕食1にふさわしいメニュー（糖質多め・脂質控えめ）】

おにぎり、ハムサンド、あんぱん、うどん、おもち（お雑煮、きな粉もち、からみもちなど）、バナナ、100%オレンジジュース、カステラ、お団子など

【夕食1でおすすめしないメニュー】

カレーパン、デニッシュパン、カップラーメン、ケーキ、フライドポテト、スナック菓子など

おやつは分食になりません

もしかしたら、おやつなどで小腹が空いたのを紛らわして、練習に参加して、練習後、帰宅してから夕食、というパターンが多いかもしれません。ただ、このパターンにはいくつかの問題もあります。

夕食1でも説明しましたが、練習前の時点では「おなかが空いた」≠「エネルギーが減ってきている」≠「空腹を満たしたい」という状況です。つまり、エネルギーとして有効に使えるものではなく、「空腹を満たすもの」を食べることになってしまう可能性があります。練習までの時間を考慮せずに脂質多めのスナック菓子などを食べていると、消化し切れないうちに体を動かすことで「おなかが痛い」という状況にもなるかもしれません。

また、練習後帰宅してから夕食の場合は、帰宅するまで待てずに、「おやつ的」なものを食べてしまうかもしれません。すると、適度な肉体的疲労があるうえに、おやつで空腹感も満たされてしまうと、帰宅後夕食を食べずに眠くなってしまいます。それでは、成長期であるにもかかわらず、しっかり食事が摂れないことになります。つまり、「運動はするけれど、ふさわしい食事が摂れていない」ということです。

成長に大きくかかわる「成長ホルモン」は、運動直後と就寝中に分泌されます（基礎4参照）。運動前後も含めた夕食がしっかり摂れていないということは、成長ホルモン分泌のタイミングで、成長のための材料が体の中に準備できていないという、とてももったいないことになります。

「夕食2」とは、練習後、帰宅してから食べる夕食です。練習で消費したエネルギーを補充するための炭水化物（糖質）と、疲労回復のためのビタミン・ミネラル、体づくりのためのたんぱく質をしっかり摂ることが「夕食2」では大切です。

また、練習後の夕食は、時間が遅かったり、量が多すぎたりで、就寝までに消化し切れないことが考えられます。胃がもたれてなかなか寝つけなかったり、熟睡できなかったりすると、成長ホルモンの分泌にも影響が及びますし、翌朝、食欲がなく、朝食欠食につながることにもなります。理想的には夕食は就寝2時間前まで、無理な場合は「分食」を利用して夕食2は量も調理法も工夫してください。

分食の仕方を身につければ大人になっても役に立つ

夕食を2度に分ける「分食」は、ジュニア選手の年齢によっては保護者の負担が大きくなるかもしれませんが、習慣化させるまでの「道づくり」を一緒にしていただくことで、一生の宝となる「食事の摂り方～分食の仕方編～」を身につけることができます。これは、決してジュニア選手だけに限ったことではなく、大人になってもさまざまなシーンで使えるものです。

おなかが空いていると、誰でもとにかく何でもよいから食べたくなるものです。そのときに家庭（＝保護者）ならではのちょっとした働きかけがあると、「何を食べるとコンディションがよくなるのか？」とか「何を食べるとパフォーマンスによい影響が出るのか？」などに気づける大人になると思っています。

とはいえ、おやつも大事な「心の栄養」です。あるいは友達と一緒におやつを食べる時間もコミュニケーションづくりに欠かせない大事なものだと思います。おやつと補食の違いを意識して、おやつのタイミングと量をお子さんと一緒に考えながら、「分食の実践」や「おやつの選び方」について考えてみられるとよいと思います。

実践
03

試合は練習と食事の総決算！

試合前後の食事でエネルギー補充と筋肉ケアを図ろう

POINT

1 試合前は前日から「主食多め・脂質控えめ」の食事で筋グリコーゲンを貯える

2 試合後は使ったエネルギー源を効率よく補給してリカバリーを図る

3 試合後は負担のかかった筋肉をケアするためにたんぱく質の補給も大事

試合に向けた食事はもちろん試合後も大切です

「試合は練習の総仕上げ！」とよくいわれますが、今まで練習してきたことをいかに上手に発揮するかが問われるものだと思います。そして、あえてそれに加えるとすると、「食事」です。もちろん、これを食べればシュートが決まる！というものはありませんが、食事に少し気を使うだけで練習効果を最大限に上げることはできるものです。

サッカーは試合中の移動距離が、試合の流れにも関係します。相手選手よりいかに速くボールに届くか、相手選手よりいかにスタミナを見せられるか。これが大事になってきます。移動距離の大きさは、スタミナの素ともいえる「筋グリコーゲン」をいかに貯め込むことができているかが関係しています（図２－２）。

筋グリコーゲンの量は、「何を」食べたかではっきり違います。図２－３からもわかるように、試合前日に高炭水化物食を食べた場合には筋グリコーゲンがしっかり貯まり、疲労困憊に至るまでの時間が長くなります。

試合前こそ、リラックスするために好きなものを自由に食べるのが一番！という人もいます。もちろんいろいろな考え方がありますが、大好きなサッカーとはいえつらい練習もしてきたわけですから、その成果を存分に発揮するために、「食事に対して少し気を使うことは、現役でいる以上は何でもない努力！」と言っていた選手を思い出します。

図 2-3 食事内容と疲労困憊に至るまでの時間

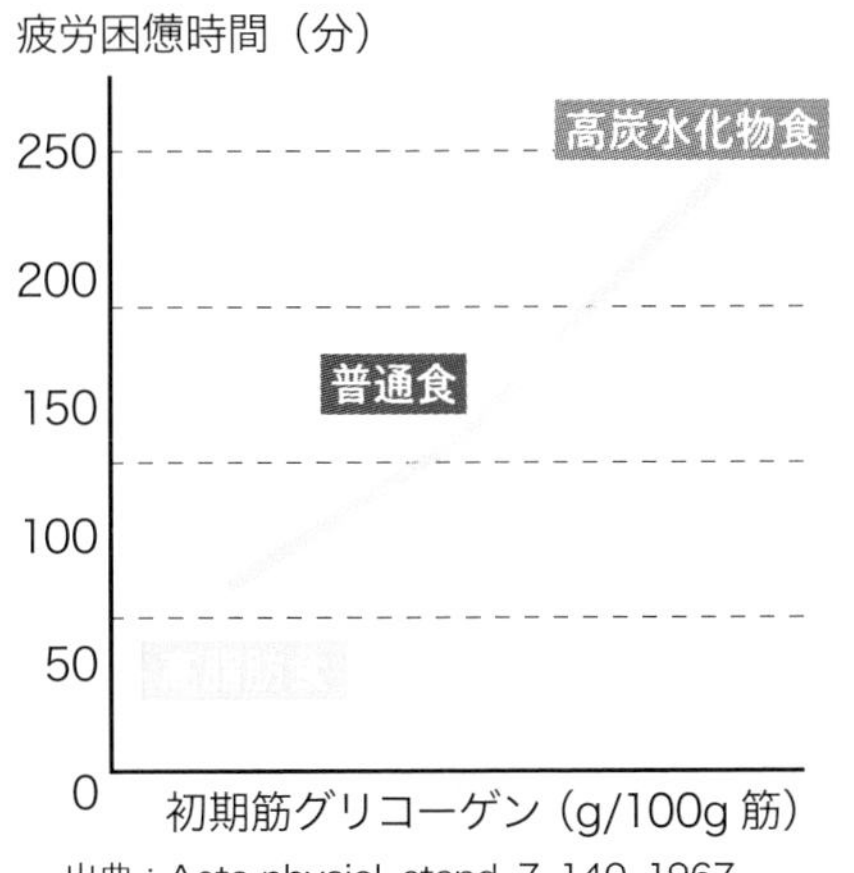

出典：Acta physiol. stand. 7, 140, 1967.

図 2-2 グリコーゲンの貯蔵量で試合中の走りに差が出る

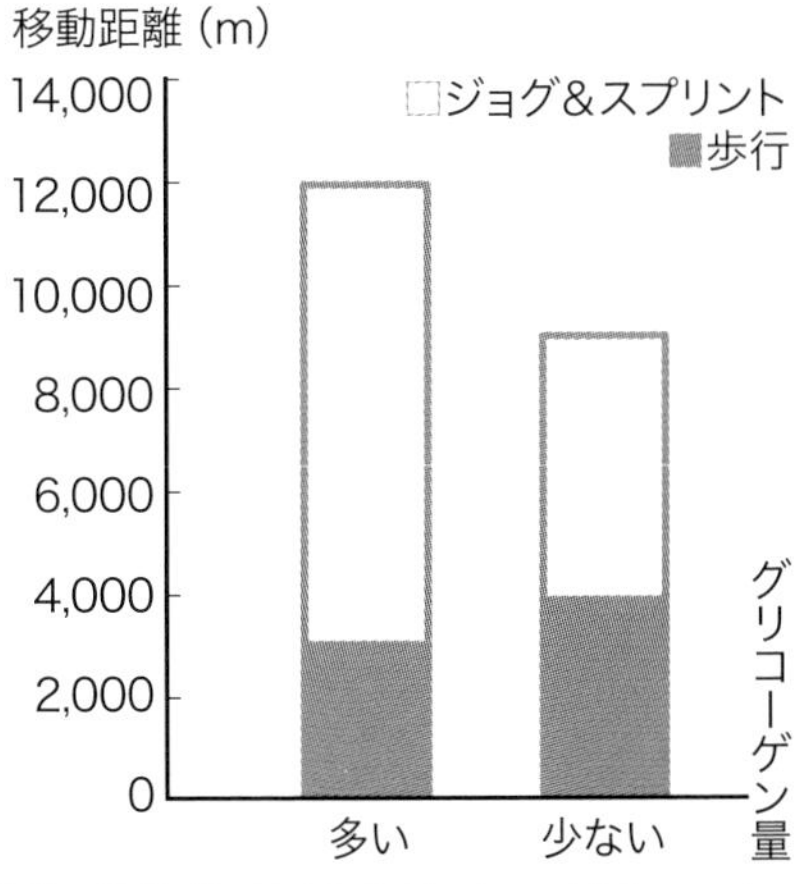

出典：Saltin, B. : Metabolic Fundamentals in exercise, Medicine and Science in Sports, 1973.

試合に向けた食事のポイントは、次の3つです。

①筋グリコーゲンを貯えられるように、前日から「主食多め・脂質控えめ」の食事を心掛ける

②「敵（ステーキ）に勝つ（カツ）」は、語呂合わせで、科学的には根拠がない

③「主食多め」を実践するためのおすすめは、「W炭水化物」

⇒ごはん＋もち入りみそ汁、おにぎり＋汁うどん、パン＋スープスパゲティなど

翌日に疲れを持ち越さないための「リカバリー」も食事から

「いち早い栄養補給」がリカバリーのポイントです。

【使ったエネルギーの補給】

試合や練習の疲れが、翌日の学校や仕事に影響しないためには、使ったエネルギー源のいち早い栄養補給がポイントです。

運動後のエネルギー源の回復は、表2-1の糖質摂取の目安量を参考に効果的に行いましょう。次の食事まで間があるときには、エネルギー補給できるものを補食として摂りましょう。例えば、おにぎり、サンドイッチ、カステラ、バナナなどです。

表 2-1 運動後のリカバリーでの糖質摂取の目安量

運動条件		糖質摂取の目安量
運動後素早く（4時間以内）回復する場合		1.0～1.2g/kg 体重 / 時間
回復期間が1日程度の場合	低強度のトレーニングを継続して実施した場合	5～7g/kg 体重 / 日
	中～高強度の持久性運動を実施した場合	7～12g/kg 体重 / 日
	1日の運動時間が4～6時間以上で、強度の高い運動を実施した場合	10～12g または 12g 以上 /kg 体重 / 日

出典：Burke LM, Collier GR, Davis PG, Fricker PA, Sanigorski AJ, Hargreaves M: Muscle glycogen storage after prolonged exercise: effect of the frequency of carbohydrate feedings. Am J Clin Nutr. 64(1):115-119, 1996.

ここで、エネルギー源の補給をしないと、最悪の場合はすでに筋肉になっているたんぱく質が分解されてエネルギー補給用として使われることもあります。

【負担のかかった筋肉のケア】

思い切り走ったり、ボールを蹴ったりすることで、実は筋肉にも負担がかかっています。負担のかかった筋肉をケアするためにたんぱく質の補給も大事です（表2-2）。このときは、脂質の少ない良質たんぱく質の補給を考えてください。脂質が多いものだと消化吸収まで時間がかかるうえ、疲労で弱っている内臓の負担が大きくなります。

【水分補給】

試合中に水分補給が適切に行われていれば、コップ1杯程度で十分なはずですが、のどの渇きをいやすために、多量の水を飲まなくては我慢できないようなときは、試合中の水分補給がうまくできていなかったことになります。多量の水を一気に飲むと、胃液が薄まって、消化にも悪影響があるなど、内臓機能の低下も考えられます。水分補給については、実践6で紹介します。

表2-2 運動時の体重1kg当たりのたんぱく質必要摂取量

条件	体重1kg当たりのたんぱく質必要量(g)
活発に活動をしていない人	0.8
スポーツ愛好者(週に4〜5回30分のトレーニング)	0.8〜1.1
筋力トレーニング（維持期）	1.2〜1.4
筋力トレーニング（増強時）	1.6〜1.7
持久性トレーニング	1.2〜1.4
レジスタンストレーニング	1.2〜1.7
レジスタンストレーニングを始めて間もない時期	1.5〜1.7
状態維持のためのレジスタンストレーニング	1.0〜1.2
断続的な高強度トレーニング	1.4〜1.7
ウェイトコントロール期間	1.4〜1.8

※10代は10%多く摂取が見込まれる

出典：樋口満編著『新版コンディショニングのスポーツ栄養学』p.63、2007年

実践
04

サッカー選手は「貧血」に要注意！

貧血は男子選手にも十分起こりうることを知ろう

POINT

1 バテやすく疲れがとれにくい場合には貧血を疑ってみる

2 貧血かどうかを知るための一番の方法は、「血液検査」

3 鉄を多く含む食品を上手に食べて貧血傾向から抜け出す

アスリートに最も多い「鉄欠乏性貧血」

鉄欠乏性貧血とは、赤血球に含まれるヘモグロビン濃度が低下した状態をいいます。ヘモグロビンとは、赤色素を持っている鉄（ヘム）とたんぱく質（グロビン）が結びついた血色素たんぱく質のことで、酸素を筋肉や脳も含めた全身に運ぶ働きをしています。

つまり、ヘモグロビンが不足すると酸素を運搬する能力が減ってきて、息切れしやすい、バテやすい、疲れがとれにくいなどの症状や、それに伴う運動機能の低下、また思考力や記憶力など学習能力の低下などにもつながってくるといわれています。

貧血は、原因によっていくつかの種類に分けられます。最も多い貧血は「鉄欠乏性貧血」、また、アスリートに関係する貧血としては「運動性貧血（スポーツ貧血）」があります。

「鉄欠乏性貧血」の原因は名前の通りで、食事からの鉄が不足してヘモグロビンが作れなかったり、何らかの原因で体内で出血が起こっていることも原因の一つです。また、汗からも鉄の損失があるといわれています。

「スポーツ貧血」は、激しい運動や継続しての運動で、足底部への刺激が強く、足裏の毛細血管に流れる赤血球が壊されることが原因といわれています。いずれの場合も、ヘモグロビンが減ると、酸素を全身にうまく運べなくなります。

また、貧血は、以前は月経のある女子に起こりやすいといわれていましたが、原因を考えると、決して女子だけの問題ではなく、男子にも十分起こりうることだと考えることが大事です。

貧血対策にはヘモグロビンだけでなく貯蔵鉄も！

早めに貧血を知るための一番の方法は、やはり「血液検査」です。いつもと比べて疲れがとれない、あるいは練習もしっかりしているのに、バテやすく記録が伸びないというようなときは、血液検査をしてみるのもよいかもしれません。ちなみに、トップチームの選手はチームによって検査回数は違っても多くの選手が年に数回の血液検査を受けています。

貧血かどうかの判断になるのは、前出の「ヘモグロビン」です。ただ、サッカー選手ならぜひ追加オーダーしてでも「フェリチン」の検査を受けてほしいです。

フェリチンは「貯蔵鉄」とも呼ばれ、酸素運搬という大きな働きを背負っているヘモグロビンが不足してきたときにすぐバックアップをするものです。つまり、何らかの原因で、鉄が不足してきた場合はヘモグロビンよりも先にフェリチンの値が下がってきます（図２-４）。この状態を「前潜在性鉄欠乏（かくれ貧血）」といいます。貧血の自覚症状がなくてもその時点で気づけば、鉄を多く含む食品を、吸収率を高めるような摂り方の工夫をして摂ることで、貧血傾向を止めることができるかもしれません。

ヘモグロビンとフェリチンの関係を「財布の中の現金」と「銀行の預金高」に例えることがあります。銀行口座に残高があれば、たとえ財布のお金が無くなってもすぐに補填できますが、財布に現金がいくらあっても貯金がなければ、財布の現金が無くなればそれで終わりです。ヘモグロビンが基準値でも万が一に備えて、フェリチンも意識して、早めに貧血傾向を知るようにしましょう。

鉄の摂取はサプリメントからではなく、原則「食事」からです

サッカー選手のエネルギー必要量は個人差もありますが一般的には３５００ｋｃａｌといわれていますので、鉄の推奨量は15~20㎎／日を目安にするとよいといわれています。貧血対策には、鉄を多く含む食品を上手に食べることが大事だとお伝えしましたが、食品に含まれている鉄について見ていきましょう。

鉄は、「ヘム鉄（動物由来）」と「非ヘム鉄（植物由来）」の大きく2種類に分けられます（表２-３）。ヘム鉄はたんぱく質に包まれているため比較的吸収率がよい（10~20%）のですが、非ヘム鉄は吸収率が非常に低い（2~5%）ので、非ヘム鉄の供給源になる食品を食べる際には少し注意が必要です。

具体的には、非ヘム鉄を含む食品はビタミンCやクエン酸を多く含むものや動物性たんぱく質を多く含むものと一緒に摂ることが有効であるといわれています。ビタミンCと一緒に摂ることで、鉄の構造が吸収しやすいものに変わることがわかっています。

鉄を含む食品はあまり多くはないうえに、吸収率も低いものが多いため、鉄の働きを知れば知るほど手軽なサプリメントに走りがちです。ただ、摂り過ぎは過剰症（肝障害や鉄沈着症など）を招くことにもなるので、注意が必要です。鉄の摂取も原則食事からと心得てください。

図 2-4　鉄欠乏の進行

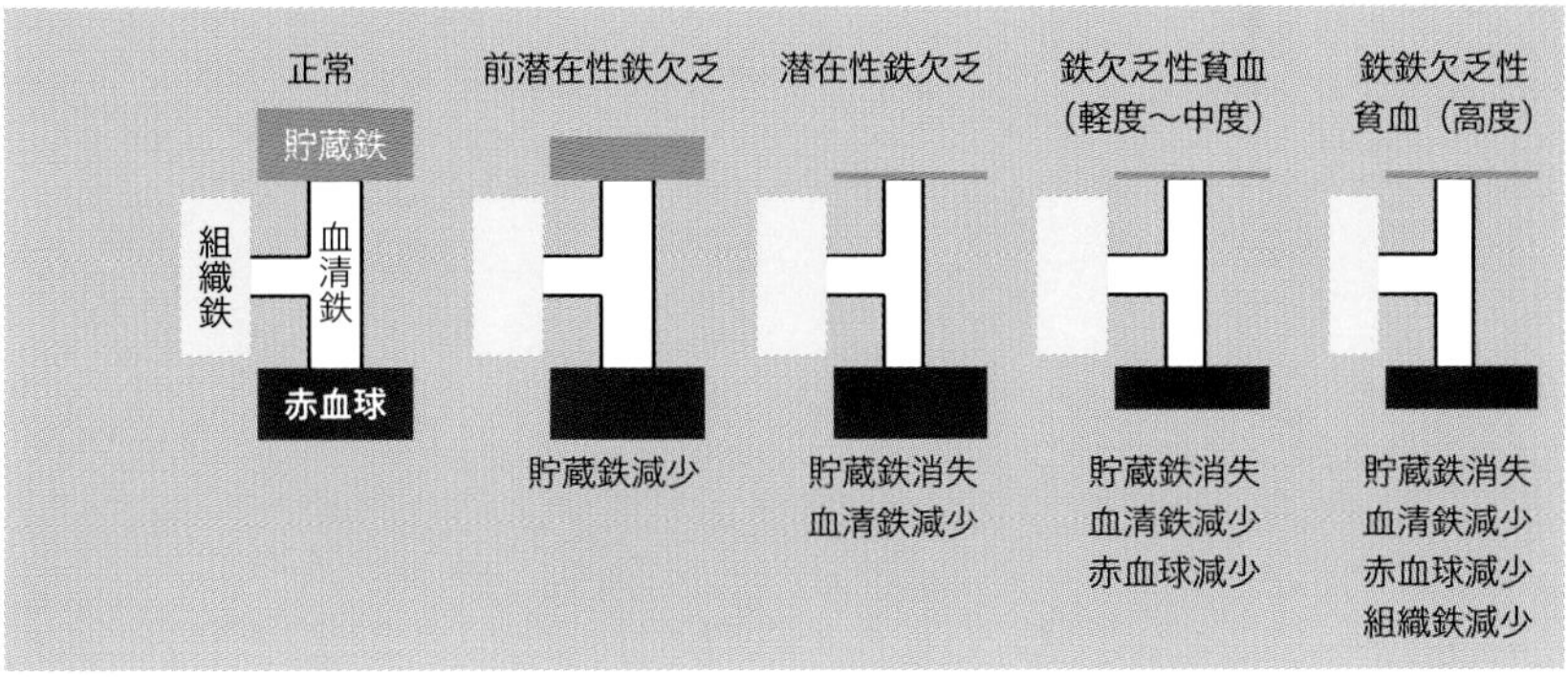

貧血	（−）	（−）	（−）	（+）	（+）
鉄飽和度	35 ～ 40%	35 ～ 40%	＜ 20%	＜ 15%	＜ 10%
鉄芽球	40 ～ 60%	40 ～ 60%	＜ 10%	＜ 10%	＜ 5%
骨髄網内系細胞・ヘモジデリン	2 ～ 3 ＋	1 ＋～ 0	0	0	0
血清フェリチン（貯蔵鉄）	＞ 20ng/ml	20 ～ 12ng/ml	＜ 12ng/ml	＜ 12ng/ml	＜ 12ng/ml

出典：『アスリートのための栄養・食事ガイド』、p.65、第一出版、2014 年

表 2-3　ヘム鉄、非ヘム鉄を多く含む食品

ヘム鉄（主に動物性食品由来）	非ヘム鉄（主に植物性食品由来＋卵）
レバー（豚＞鶏＞牛） 牛肉（赤身） 赤身の魚（かつお、まぐろ赤身） あさり	小松菜 ほうれんそう きくらげ 豆類

出典：樋口満編著『新版コンディショニングのスポーツ栄養学』、p.91、2007 年

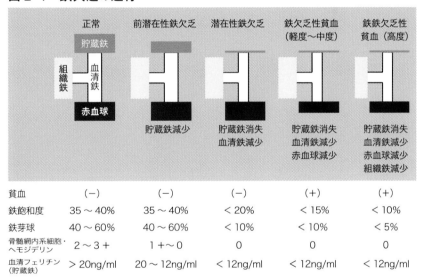

実践
05

感染予防も食事から
「免疫力アップ」は日ごろの食習慣にかかわります!

POINT

1 バランスのとれた食事を1日3食食べること
2 栄養素の特徴を知って、その栄養素を意識した食事を摂ること
3 温かいものを食べるようにする

2020年からの数年にわたった新型コロナウイルス感染症の世界的大流行で今まで想像もしなかった感染症に悩まされていました。誰しも「手洗い・マスク・うがい」を実践していたにもかかわらず、「のど元過ぎれば」ではありませんが、季節性インフルエンザと同じ5類へ移行したとたんにマスクを堂々と外し、携帯用のアルコールを持ち歩いていたにもかかわらず今では手洗いすらしない人も目に付くようになってきました。

確かに感染者数は減っているものの、なかなか終息には至らなかったり、それどころか微増の傾向にもなったりしているので、やはり注意は必要です。

そんなときにものをいうのは「免疫力」です。免疫とは病原菌などから体を守り、健康を維持するための防護システムのことです。その免疫力をアップさせるにも食事が大きく関係しています。

では、どんな食事を摂ればよいのでしょうか？　そのポイントは次の3つです。

①バランスのとれた食事を1日3食食べること
②栄養素の特徴を知って、その栄養素を意識した食事を摂ること
③温かいものを食べるようにする

バランスのとれた食事を1日3食食べること

「主食＋主菜＋副菜＋汁物＋α」がそろっている食事をイメージしてください。これらがそろっていることで、さまざまな栄養素が含まれた食事になります。そして、それが「栄養状態のよい」体をつくります。栄養状態がよければ、もし体内にウイルスや細菌が侵入したとしても、それらに打ち勝ちやすくなります。ウイルスや細菌が体内に入ったとしても発症しない、あるいは発症しても軽くすみます。

栄養素の特徴を知って、その栄養素を意識した食事を摂ること

【ビタミンA】私たちの体と外気との接点は、「粘膜」です。その粘膜が丈夫だとウイルスや細菌の侵入を防

ぐことができます。ビタミンＡには皮膚や粘膜を正常に維持したり、細菌に対して抵抗力を維持したりする働きがあります。レバーなど主に動物性食品（表２－４）に含まれていますが、体内で必要に応じてビタミンＡに変換される植物性食品由来のβ-カロテンにも同様の働きがあります。ビタミンＡは過剰に摂取すると過剰症の心配がありますが、β-カロテンには過剰症の心配はありません。

【ビタミンＣ】体内に侵入してきた病原菌やウイルスを死滅させる働きのある白血球を助ける力があります。また、粘膜を丈夫にするコラーゲンをつくるのに欠かせないのもビタミンＣです。その他に、ビタミンＣは活性酸素の除去や、ストレスに対抗するホルモンの生成にもかかわっている大事な栄養素です（表２－５）。ただ、ビタミンＣは水溶性ビタミンなので、１日にレモン○個分などとうたっているようなものを摂っても、一度に利用されなかったものは尿と一緒に排泄されてしまうため、３度の食事や補食で分けて摂るのが効果的です。

【ビタミンＤ】ビタミンＤというとカルシウムの吸収促進、骨や歯の成長促進を思い浮かべる方も多いかと思います（実践７参照）。最近は抗炎症作用や抗菌作用などが注目されています。ビタミンＤの新しい働き（免疫力との関係）も発表されていますので、注目したい栄養素です。食事が「肉中心」だとビタミンＤは不足しがちになるので、魚やきのこ類も含め、「和食中心」の食事の有効性も伝えられています。選手たちの中には「鮭には特にビタミンＤが多いんだよね」と得た情報を基に、料理の選び方に気を使っている選手の様子を見かけることもあります。

私たちの体内で起こっているさまざまな代謝は、酵素が関係しています。酵素が活発に動いてくれるためには、最適温度の37度前後に体内の温度を維持することが大事です。生命維持に必要とされる機能を正常に保つうえで、平熱を維持することが健康な体づくりの重要なポイントです。

外から侵入してくるウイルスや細菌を死滅させる白血球の活動は、37度前後で活発になるといわれています。私たちはいつ新しい感染症も含めたウイルスや細菌と闘わなくてはならないかわかりません。朝食喫食、温かい食べ物なども低体温防止にもつながります。

腸内環境を整える食品を意識して食べる

バランスのよい食事に加え、腸内環境を整える食事の工夫が必要です。人間の腸管には体全体の免疫細胞のおおよそ70%が集まっているといわれています。腸内にある免疫細胞の働きを存分に発揮できるように、以下のような食品を意識して食べるようにしてみてください。

・ヨーグルトや納豆、漬物やキムチ、みそやしょうゆなどの発酵食品
・野菜やきのこ、ひじきなどの海藻類、豆類など食物繊維を多く含む食品
・腸内細菌のエサになるオリゴ糖を多く含むたまねぎ、アスパラガス、バナナなどの食品

表 2-4 ビタミン A を多く含む食品

食品名	1食の目安量	含有量(μg)
鶏レバー	50g	7000
豚レバー	50g	6500
牛レバー	50g	550
うなぎ蒲焼	100g	1500
西洋かぼちゃ	80g	264
ほうれんそう	50g	175
モロヘイヤ	50g	420

出典:『日本食品標準成分表 2020 年版(八訂)』より計算

表 2-5 ビタミン C を多く含む食品

食品名	1食の目安量	含有量(mg)
いちご	50g	31
みかん	100g	32
キウイフルーツ(緑)	100g	71
さつまいも	100g	25
トマト	100g	15
ブロッコリー	50g	70
ほうれんそう	50g	18

出典:『日本食品標準成分表 2020 年版(八訂)』より計算

実践 06

あらかじめ「水分補給」をして「汗の材料」を確保しよう

POINT

1 熱中症の怖さを知り、水分補給で予防する
2 水分補給のコツは、こまめに、少しずつ飲むこと
3 「汁物付き」の朝食で水分とミネラルを補給する

数年前からスポーツ庁をはじめさまざまな団体の熱中症予防のキャッチコピーで使われているのが「知って防ごう熱中症」です。

「知って…」とはどんな意味でしょうか？ 対象者によって多少は異なるもののまとめた表現で伝えているのだと思います。その中で、最も伝えたいことが、次の2点だと思っています。

・熱中症は命を落とす可能性のある怖いもの
・自分の体と向き合って、正しく水分補給をすれば十分防ぐことはできるもの

このように「熱中症の怖さ」が伝えられていても、毎年夏になると、必ずといってよいほど、熱中症による犠牲者のニュースを耳にします。「熱中症の怖さ」を再認識するために「体内の水」についてまとめてみると

①体温を調節する「汗」の材料になる

私たちは「発汗」することで、「気化熱」により体温の上昇を防いでいます。体内の水が少ない（水分補給がうまくできていない）と発汗が行われず、体温の上昇を抑えることができなくなります。

②体の中の「水の量」を知る

年齢・性別などにもよりますが、私たち人間の水分量は体重の約60％といわれています。

③体の中の「水の働き」を知る

汗に限らず、体の中の水分はさまざまな働きをしています。体中に栄養素や酸素を運ぶ「血液」、体内で不要になったものを体外に排泄する「尿」、そして体温を調節する「汗」、これらはみんな水分が素になっています（表2-6、図2-5）。

図 2-5 体温上昇と体温調整のメカニズム

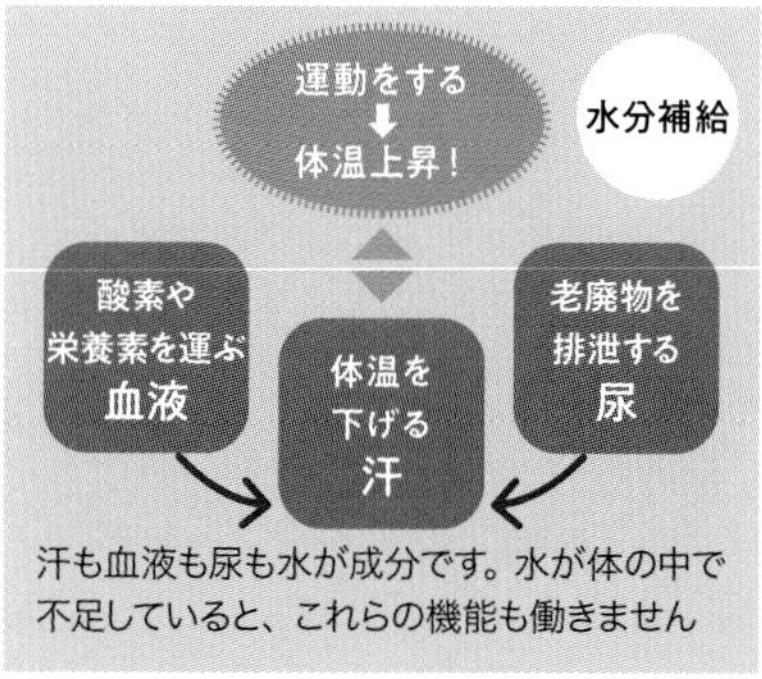

表 2-6 1日の水の摂取量と排泄量

摂取量		排泄量	
食物	1.0ℓ	尿・便	1.6ℓ
飲料	1.2ℓ	不感蒸泄	0.9ℓ
代謝水	0.3ℓ	汗	( ) ℓ
合計	2.5ℓ	合計	2.5ℓ

参考：「環境省熱中症予防マニュアル」

朝のニュースや気象予報でも、「今日は真夏日の予報が出ています。『こまめな水分補給』を心掛けてください」というメッセージが流れたり、電車の中でも時期になると同様のポスターを目にしたりすることもあります。「暑くなる⇒体温が上がりやすい」だから、あらかじめ「水分補給」をして「汗の材料」を確保しておくことが大事と再確認をするよいきっかけだと思います。ここでは、水分補給について3つ提案があります。

水分補給の提案①水分補給はこまめに

「こまめな水分補給」の「こまめな」についてです。私たちは、たくさん汗をかいたときにはのどが渇き、水が飲みたくなります。それは、発汗により失った水分を回復させようとする自然な体の働きですが、そのときの注意点が、なぜ「こまめな」なのでしょうか？

口から体内に入った水分は、実は胃では吸収されないのです。胃を通過して「腸」まで移動してそこで初めて吸収されるのです。また、一度にたくさんの水分を摂ることで、腸への移動に時間がかかったり、胃液が薄まってしまったりすることも考えられます。胃液が薄まるとその後の食事でも影響を受ける可能性があるので、「こまめに」がキーワードになります。

水分補給の提案②水分補給は少しずつ

「少しずつ」も大事なポイントです。飲んだ水は胃で吸収されることなく、

図 2-6 汁物付きの朝食からの水分補給

汁物付きからの朝食からも“水分補給”！
汁物≒水分＋ミネラル（ナトリウム）
⇒おすすめは豆腐（マグネシウム）のみそ汁
⇒足がつるのを防げる可能性がある
ごはん（220g）⇒水分約 130g
みそ汁（150g）⇒約 150g
目玉焼き（60g）⇒約 45g
納豆（50g）⇒約 30g
トマト（100g）⇒約 90g
ヨーグルト（100g）⇒ 約 80g
水分の合計　約 525g≒ペットボトル（500ml）1 本分

参考：「環境省熱中症予防マニュアル」

胃を通過して「腸」で吸収されますが、胃に大量の水分があるときよりも、適量のほうが胃の通過が早いといわれているので、少しずつ（150㎖前後）が理想です。また、「少しずつ」では我慢できないということは、それまでの水分補給が十分できていなかったともいえるので、そのときは飲み方や飲む量の振り返りをしてください。

時間があるときに、「自分の場合」は約150㎖の水分が何口で飲めるかを確認しておくと、1回で「飲む量」の見当がつきます。例えば、「150㎖は、私の『6ゴックン』です！」を理解していると飲み過ぎを防げます。

水分補給の提案(3)汁物付きの朝食

もう一つ意識していただきたいのが「汁物付きの朝食」です。起床時の体は脱水状態になっています。朝食欠食で1日の行動を開始すると熱中症のリスクが非常に高くなるので、できれば朝食は「汁物付き」にしてください。みそ汁の場合、150㎖の水分＋約1.2ｇの塩分が摂れます。さらに具材でミネラルやビタミンも摂れるので、まさにみそ汁はスポーツドリンクに匹敵するといえます。個人差や環境の違いはあるものの就寝中の発汗量は400～500㎖といわれています。汁物付きの一般的な朝食から同程度の水分と塩分を摂取できます（図2-6）。

TIPS!

暑さ指数に関係なく「飲水タイム」をとる！

熱中症への注意喚起として、気温だけでなく暑さ指数（WBGT）を併用するようにいわれています。WBGTとは、湿球黒球温度のことで、気温だけでなく、湿度と輻射熱を取り入れた温度の指数です。日本で環境省が情報提供を開始したのは、2006年からでした。「熱中症警戒アラート」発令の基準や「熱中症予防行動の基準」にも使われています。この数値が高いときにはゲーム中にも選手や審判が水分補給をする「飲水タイム」が設けられたりしています。Jリーグでは、熱中症予防の観点から、暑さ指数に関係なく、夏場は約1分程度の「飲水タイム」を設けています。

実践
07

「成長期」とは？（骨端線）

成長期は規則正しい生活とバランスのとれた食事が大事

POINT

1 思春期前後の成長期の身長の伸びは骨の成長

2 規則正しい生活で睡眠時間を確保し、寝る子は育つを実践する

3 骨の成長にはバランスのとれた食事が大事

本人も保護者も指導者も気になる成長期

「人間の成長期はいつでしょうか？」。こんな質問を受けると、多くの人は「思春期」のころと答えられるかもしれません。その答えは、もちろん間違いではありません。ただ、成長期は、正しくは一生に2回あって、2回目の成長期がちょうど思春期のころといわれています。

1回目の成長期は、生まれてすぐから1歳までの期間です。その間に、なんと身長は約1.5倍というびっくり

するような成長を遂げます。ここではその時期ではなく2回目の成長期、多くの皆さんが答えられるであろう「思春期前後の成長期」のことをお話しします。

成長期に関する話をすると、「何歳まで背が伸びるのか？」「背が伸びるためには、何を食べればよいか？」という質問を必ずといっていいほど受けますが、それはそのことが本人はもちろんのこと保護者や指導者を含めてとても大きな問題だからなのだと思います。ここでは「身長の伸び＝骨の成長」と考えてみましょう。

骨端線が開いていれば、身長はまだ伸びる

1年間の身長の伸びの変化を表したグラフ（図2-7）を見ると、0歳から1歳までの伸びがいかに大きいかがわかりますが、2回目のピークが小学校高学年から中学生くらいの期間で、「成長スパート」といわれるその時期は、男女差、個人差があることもわかるかと思います。つまり、兄弟や他人との比較ではなく、自分にとっての成長スパートがいつかを見極めることが大事です。

そして、身長が伸びる可能性がある時期は「骨が伸びる可能性がある時期」とも言い換えられ、それは、正確にはまだ「骨端線」が

図 2-7 身長の伸びの変化

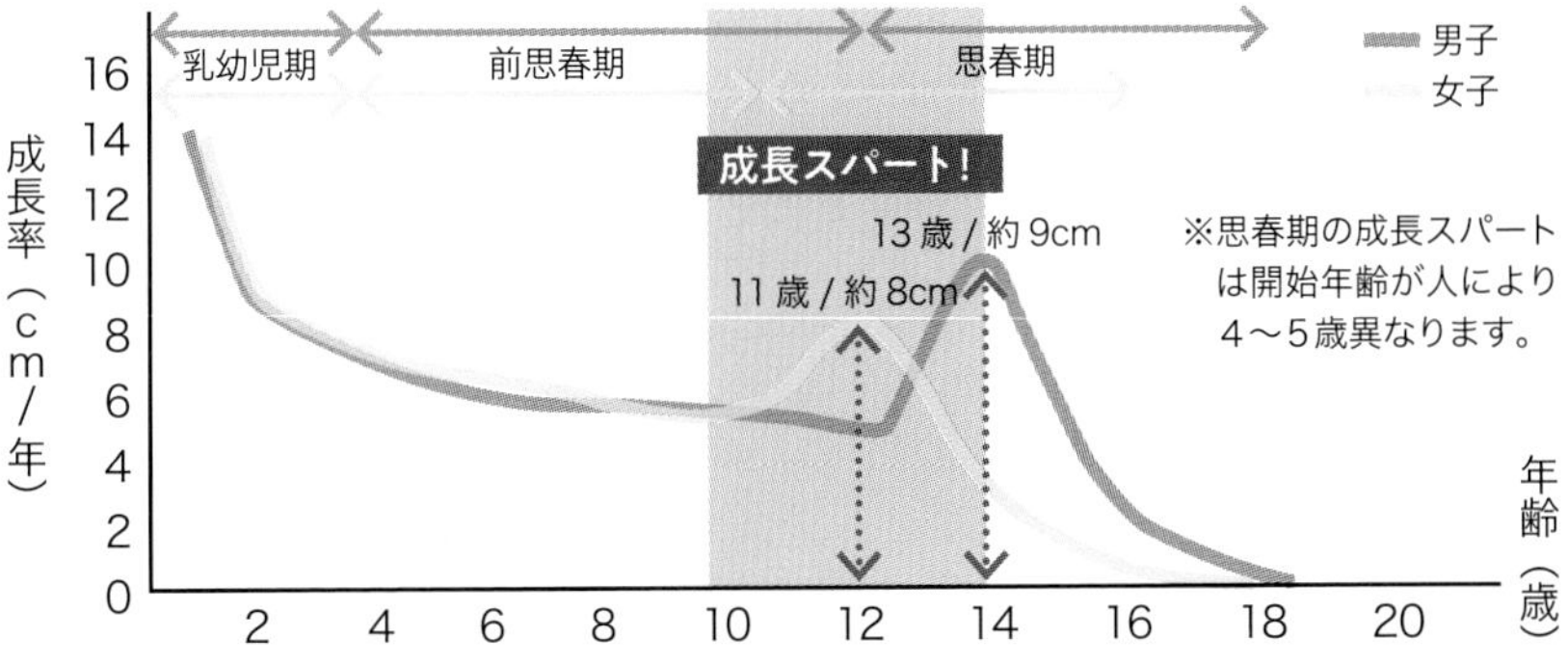

参考：平成12年乳幼児身体発育調査報告書（厚生労働省）及び平成12年度学校保健統計調査報告書（文部科学省）
出典：女性スポーツ研究センター（順天堂大学）

開いている時期であるといわれます。

では、骨端線とは何でしょうか？ 成長（背が伸びる余地があるか）に関してのキーワードともいえる骨端線とは、骨の両端の軟骨細胞が豊富にある場所のことで、成長期には軟骨細胞が活発に活動していて、そこにカルシウムが沈着することで骨（≒身長）が伸びるわけです。だからこそ、成長期の食事の摂り方が大事ということになります。軟骨細胞がすべて骨に変わってしまうと「骨端線が閉じた」といわれます。それ以降は軟骨細胞が復活することはないので、身長の伸びはほぼ止まります。

ただ、骨端線は骨のレントゲンで確認できるもので、誰でもいつでもチェックできるものではありません。そこで、両親の身長から予測身長を計算したり、身長をこまめに測定して急速な変化が見られるころから「成長スパート」を見出したりするのも一つの方法です。

成長スパートのピークは、男子で13歳、女子で11歳といわれています。これはあくまでも平均で、個人差があります。慌てることなく、その時期に備えることが大事です。

成長スパートを迎えるにあたって生活と食事で大事なこと

①規則正しい生活≒「睡眠時間の確保」

成長スパートを迎えるにあたって大事なことは、「寝る子は育つ」を実践することです。

「成長ホルモン」の分泌を成長に生かすためには、質のよい睡眠の確保が大事です。実践2でも紹介しているように、よい睡眠のための食事からの注意点は、「寝る直前に食事を摂らない」です。消化し切れないうちに就寝することで、熟睡を妨げ、成長ホルモンの分泌に大きく悪影響を及ぼすことになります。つまり、睡眠時間の確保は食事のタイミングにも関係するということです。また、就寝直前まで「ブルーライト」を浴びることを避けるなど、生活の見直しは重要なポイントになります。

②バランスのとれた食事

身長を伸ばしたいからと牛乳を水代わりに飲むようなことは、かえって逆効果にもなります。例えば、骨は鉄筋コンクリート（基礎4参照）に例えられますが、鉄筋部分（骨の縦への伸び）はコラーゲン、鉄筋の間を埋めていく（密度を高める）のはカルシウム（表２‐８）。また、カルシウムの吸収を高めるのはビタミンD（表２‐９）、たんぱく質の代謝にかかわるのはビタミンB_6というように、バランスのとれた食事が大事です。バランスの大事さを意識して、牛乳を水代わりにすることで、満腹感から食事が摂れないというようなことにならないようにしてください。

表 2-8　カルシウムを多く含む食品

食品名	1食の目安量	含有量 (mg)
丸干し	1尾 40g	176
干しひじき	大さじ1　2g	20
プロセスチーズ	1切れ 18g	113
ヨーグルト（脱脂加糖）	1カップ 210g	120
普通牛乳	1杯 200g	231
油揚げ	1枚 20g	62
ごま（いり）	大さじ1　6g	72

出典:『日本食品標準成分表2020年版（八訂）』より計算

表 2-9 ビタミンDを多く含む食品

食品名	1食の目安量	含有量 (μg)
白鮭	1切れ 80g	25.6
まいわし	1尾 80g	25.6
さんま	1尾 100g	16.0
ぶり	1切れ 80g	6.4
しらす干し（半乾燥）	大さじ2　10g	6.1
干ししいたけ	2個 6g	1.0
きくらげ（乾燥）	2枚 2g	2.6

出典:『日本食品標準成分表2020年版（八訂）』より計算

TIPS!

身長は伸ばしたいが、体重は増やしたくない？

身長が伸びるためにも私たちの体の中に貯めてあるエネルギーが使われますから、身長が伸びる前に体重が増えることも考えられます。体重が増えすぎることを必要以上に気にして、食事制限をすると身長の伸びなど成長に大きく関係することも覚えておきましょう。

実践
08

アフター成長期の留意点

基本的な生活習慣を身につけて成長期後も体を育もう

POINT

1 健やかな成長のためにも成長期の終わりの特徴を知る

2 成長スパート期間に基本的な生活習慣を身につける

成長期＝成長スパートの前後2～3年をしっかり見極める

前項では成長期について紹介しました。では、アフター成長期（便宜上使っている言葉です）では、どんなことが大事でしょうか。まずは、「成長期」を知ることです。

成長期には個人差があります。成長スパートのピークは、男子で13歳、女子で11歳といわれていますが、生育環境や遺伝なども関係するため、成長スパートの前後2～3年が成長期と思ってください。健やかな成長のためには、成長が著しくなったころからの2～3年が大事で、そのためには「成長期の終わりの特徴」を知っておくことが大切です。例えば、男子なら「声変わり」や「すね毛などの体毛が濃くなる」、女子なら「体が丸みを帯びてくる」「初潮が始まる」といったことです。このような第二次性徴が見えてくると、そろそろ成長期も終わりに近い、ということになります。

また、成長曲線を描いてみると、成長期のおおよその時期がわかります。成長曲線は一定のパターンを描くので、身長と体重から成長曲線の向きが上向きになってきたら成長期の始まりで、曲線のカーブに沿っていれば順調に成長していることがわかります。成長期の終わりの時期も見えてきます。

ぜひ、その時期をしっかり見極めて、「成長期」という短いチャンスを無駄にしないことが大事です。

成長スパート期間にバランスのとれた食事を身につける

成長スパートの期間は、個人差はあるものの小学校高学年から中学生くらいまでの間です。言い換えると、健やかな成長のために保護者の助けもある時期です。ですから、その時期に「バランスのとれた食事」をしっかり身につけることです。

成長が滞る原因の中には、遺伝や一部病気によるものもありますが、それ以外が原因の場合もあります。例えば、睡眠時間が確保されていない、偏食が多くてバランスのとれた食事ができていないなども理由として挙げられます。成長のためには栄養・睡眠・運動をバランスよくしっかりとることが大切です。成長が滞らないように「基本的な生活習慣」を見直すことも大事かもしれません。基本的な生活習慣がしっかり身についていると、成長期ではもちろんですが、成長期を過ぎても多少の身長の伸びを含めた「成長」が見られます。

実践
09

ピリオダイゼーション（期分け）と食事

1年を準備期、試合期、移行期に分けて食事計画を立てよう

POINT

1 準備期は「1日3食＋補食」を摂り、体脂肪と貧血をチェック
2 試合期は「高炭水化物＋低脂質」に、水分補給がポイント
3 移行期（オフ）には大幅な体重の増減に注意すること

ピリオダイゼーションを理解しよう

ピリオダイゼーションは、「期分け」といって「試合時」に最高のパフォーマンスが発揮できるように、トレーニングの年間プログラムをいくつかの期間に分けたものです。そして、その「期」のトレーニングを目的に合わせて種類や強度をふさわしいものにしています。

ピリオダイゼーションは、主に「準備期」「試合期」「移行期」の3つに分けられています。食事についても、

3つの期の目的を理解して、それに合わせたものにすることが、トレーニング効果をより上げることにつながります。

準備期の食事のポイント

①「バランスのとれた食事」を理解して、1日3食＋補食を欠かさず摂る

トレーニングの準備期は、1年間ケガなく戦える「基礎体力づくり」と「試合に向けた実践的な練習」を行う期間です。食事からの目標は、応用自在な「バランスのとれた食事」を理解することです。「主食」「主菜」「副菜」「牛乳・乳製品」「果物」「汁物」には、どんなメニューが含まれていて、具体的にどんな働き（役目）があるのかを知っておくことが大切です（基礎8参照）。

とかく体づくりを考えていると、たんぱく質源である「主菜」が多めになりがちですが、アスリートにとってたんぱく質だけを多めにするといった偏った食事が決してよいわけではありません。また、体重（体脂肪）が増えることを嫌がって「主食」を減らすことも、サッカー選手は絶対避けてほしいところです。主食由来の糖質が、体と脳の大事なエネルギー源ということをしっかり理解しておきましょう。

エネルギーづくりや体づくりには決して欠かすことのできない「ビタミン」「ミネラル」も大切です。ビタミンはエネルギー源にも体づくりの材料にもなりませんし、ミネラルもエネルギー源にはなりませんが、どちらの栄養素も決しておろそかにすることができない大事な栄養素であることを忘れないでください。

②「準備期」だからこそ、正しい「体脂肪を減らすポイント」を知る

体脂肪を増やすのは、甘いお菓子、油もの（揚げもの、脂身など）、アルコールの「3つの『あ』」とよくい

われます。つまり、体脂肪を減らすためにエネルギー源である「主食」を控える必要はありません。また、体づくりの材料になるたんぱく質も摂り過ぎれば、体脂肪になる可能性があることを知っておくことが大事です。体脂肪を増やさない大きなポイントは、「消費エネルギーより摂取エネルギーが多くならない」ことです。

③「準備期」のメンテナンスで、スタミナにかかわる「貧血チェック」をする

シーズン中タフに戦えるようにするには、場合によっては貧血に関する血液検査も必要になります。日ごろからスタミナに関係する貧血予防を意識した食事を摂ることも覚えておきましょう。

貧血予防の食事のポイントは次の通りです。

・鉄が多く含まれる食事を1週間に一度程度は摂るようにする
・鉄は吸収率が低いので、鉄の吸収をよくするビタミンCなどを一緒に摂る
・鉄の吸収阻害になるタンニンを多く含むコーヒー、紅茶、緑茶などは、食事中や食事直後には飲まないようにする

試合期の食事のポイント

「試合期に最高のコンディションを発揮する」ということは、「試合は練習の総仕上げ」の意識を持つことです。練習で積み上げてきたことを最大限発揮するために、食事でも大事な注意点があります。

①試合前日から「主食多め・脂質控えめ」の食事を心掛ける

試合中にエネルギー切れにならないようにするために、少なくとも前日くらいからは「高炭水化物・低脂質」の食事を心掛けましょう（実践3参照）。

②試合日は試合開始3～4時間前からエネルギー補給の食事（補食）を摂る

キックオフの時間から逆算して3～4時間前からエネルギー補給のための食事（補食）を摂ります。試合当日に「いつ」「何を」食べるかは、キックオフの時間と食べ物の消化時間を考えて決めます（表2-10）。

③命を守る「水分補給」は、食事からもできることを知る

具だくさんの汁物は、「食べるスポーツドリンク」です。特に夏場は、毎食汁物付きの食事にすると、1食で約500mlの水分を摂ることができます（実践6参照）。

移行期の食事のポイント

移行期の食事では、次の3点に留意しましょう。

①体のメンテナンスをきちんとしておく

ケガからの回復も、ケガの予防も「バランスのととのった食事」が大原則です。

②オフといっても、生活の乱れに気をつける

就寝時刻と起床時刻を守る、1日3食バランスよく食べるなどの基本的な生活習慣を乱さないようにしましょう。

表2-10 試合当日の食事と補食の取り入れ方

タイミング	試合3～4時間前	試合1～2時間前	試合30分前	キックオフ・試合中・ハーフタイム	試合終了なるべく早く
目的	エネルギー補給（軽食）	エネルギー補給＋水分補給	エネルギー補給＋水分補給	水分補給＋エネルギー補給	リカバリー（疲労回復）
食品例	高炭水化物・低脂質の軽食（おにぎり、力うどん、ごはん＋みそ汁、納豆、お浸し、トマトなど）	消化のよいエネルギー補給＋水分補給（バナナ、うどん、エネルギーゼリー、カステラ、あんぱんなど）	100％ジュース、エネルギー補給用ドリンク	スポーツドリンク、100％ジュース	消化のよい炭水化物＋たんぱく質＋水分（鮭のおにぎり、納豆巻き、ヨーグルト、飲むヨーグルト）

③体重管理をして、ベストコンディションでシーズンに入れるようにする

オフ中に好きなものを好きなタイミングで自由に食べていた場合には、オフ明けに体重や体脂肪量が増えている人が多いです。シーズンオフに入る前と比べて体重が増えすぎてしまったための数字合わせのような減量をすると、体脂肪ではなく筋肉の分解によって体重が減ることにもなりかねません。

疲労回復のためのリフレッシュと次シーズンへの心身両面の準備をバランスよくすることがここでも大事になります。

試合期の食事のポイント②の補足

ピリオダイゼーションの各期の食事について紹介しましたが、ふだんの生活の中ではやはり、試合期の食事のポイントの②が気になるところかと思います。具体的には「試合の日は何を食べればよいのか」です。何度も繰り返し述べていますが、端的にいえば、試合日の食事のポイントは、「エネルギー切れにならないための食事」「熱中症にならないように水分補給も視野に入れた食事」です。

特に昨今の夏の天気は異常ともいえるものです。暑さの影響で暑さ慣れした体でも、また十分な暑さ対策を行っていても、熱中症の疑いがある選手や足がつる選手が相次ぐことはまれではありません。せっかくの練習成果が無駄にならないように、また、試合以前に、練習が安全に行われることが大事だということを確認しながら、食事にも留意して有意義な練習に取り組んでほしいと思います。

実践
10

エネルギー不足が引き起こす健康問題を防ごう

POINT

1 女性アスリートの三主徴とエナジー・アベイラビリティーを知ろう
2 女子選手の健康問題は「慢性的なエネルギー不足」が原因の一つ
3 低エナジー・アベイラビリティーにならないように食事に気を使う

オリンピック・パラリンピック競技大会においては、女子アスリートが参加できる競技数が増加しており、さらに、日本においては、女子アスリートのメダル獲得率が男子アスリートより高くなっているなど、最近はサッカーに限らずですが、女子選手の活躍を見かけることが多くなってきました。そして、それに伴い、女子選手にかかわる問題の多くが「食事」関連であることがわかっています。

1993年にアメリカスポーツ医学会（ACSM）が発表した「女性アスリートの三主徴（FAT：Female Athlete Triad）」は「摂食障害」「無月経」「骨粗しょう症」でしたが、2007年にはそれが「適切なエナジー・アベイラビリティーが確保されれば正常な月経、骨の健康も維持される」という考え方から、「摂食障害の有無にかかわらない低エナジー・アベイラビリティー」「機能性視床下部性無月経」「骨粗しょう症」の3つに変更されました。

女子選手の健康は食事がしっかり摂れているかがポイント

変更のポイントとなった「エナジー・アベイラビリティー（energy availability）」とは、1日の総エネルギー摂取量から運動中のエネルギー消費量を引いた値を除脂肪量（FFM）で除して求められるもので、日常生活に利用可能なエネルギーのことを指します。そして、エナジー・アベイラビリティーが30kcal／kg FFM／日未満になると、代謝やホルモン機能に異常をきたし、月経異常や骨粗しょう症、パフォーマンスや健康状態を害する可能性があるといわれています（図2-8）。

つまり、この変更の一番は、運動によるエネルギー消費量が、食事によるエネルギー摂取量を上回った状態のことで、「摂食障害」の有無に関係なく、食事がしっかり摂れているかがポイントですから、選手も指導者も栄養に対して気を使うことが必要だといえます。

無月経、骨粗しょう症の発症メカニズム

女性アスリートの三主徴の出発点は、「摂食障害の有無にかかわらない低エナジー・アベイラビリティー」ですが、「機能性視床下部性無月経」のメカニズムとしては、低エナジー・アベイラビリティー（基礎代謝や日常生活に利用可能なエネルギー不足）の状態が続くことで、視床下部からの性腺刺激ホルモン放出ホルモン（GnRH）の分泌が障害され、無排卵になると考えられています。

また、「骨粗しょう症」は、骨量が減少し、骨内部の構造がもろく変化し、骨折しやすくなった状態を指します。一般的には、閉経後に起こりやすいことで知られていますが、若い女性アスリートにおいても、低エナジー・アベイラビリティーの状態が続くと、性腺刺激ホルモン放出ホルモンの分泌が低下し、成長ホルモンやエストロゲン（卵胞ホルモン）の分泌が抑制された結果、無月経とともに骨代謝異常をきたし、骨量が低下することもわかっています。そして、骨量が低下すると、当然、疲労骨折の発症率にも関係してきます。

骨粗しょう症というと「カルシウム不足」と思われがちですが、決してそうともいえません。骨の構造がビルに例えられるように、鉄筋の役割をするコラーゲンにセメントにあたるカルシウムがしっかりくっついて強い骨になっているので（基礎4参照）、カルシウムだけを摂っていたのでは、本来「丈夫な骨づくり」にはつながりません。

図 2-8 女性アスリートが陥りやすい 3 つの障害（Female Athlete Triad）

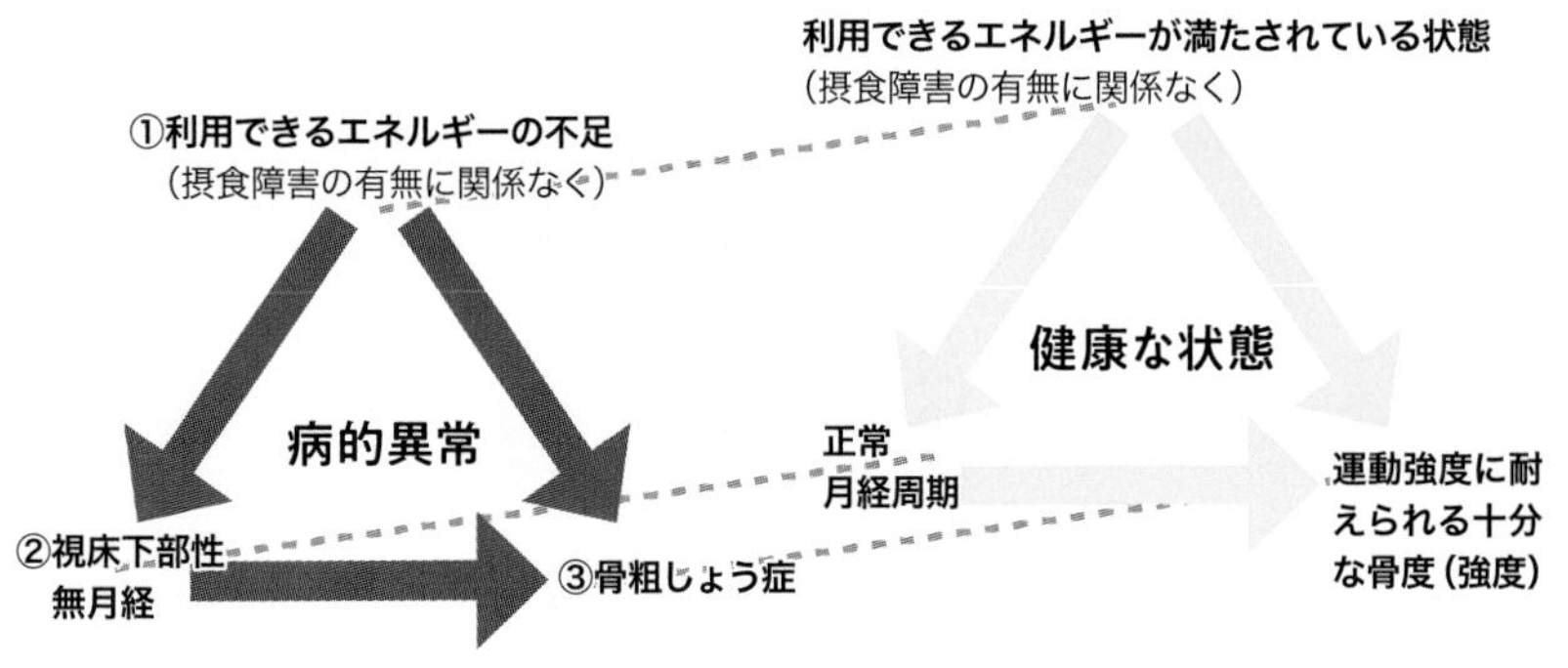

出典：ACSM position stand, 2007（鯉川改訳図、2012）

実践
11

サプリメントは毛嫌いもせず、信者にもならずに付き合おう

POINT

1 サプリメントは不足している栄養素を補うためのもの
2 便利ではあるものの、利用には必ずリスクも伴う
3 正しい知識を身につけて、使う・使わないを選手自身が判断する

日本では1970年代後半から「栄養補助食品」として、いくつかのメーカーから国内生産のものが発売され始めました。「栄養補助食品」の名の通り、まさに「不足している栄養素を補うためのもの」でした。そして、1988年のソウル・オリンピックのころから、アスリートやスポーツ愛好家に広まっていきました。不足している栄養素を補うものから離れて、競技力向上に目を向けたものが発売され始めると、ドーピング（禁

止薬物や禁止方法によって競技能力を高め、自分だけ優位に立って勝利を得ようとする行為）は、フェアプレイに反するだけでなく、競技者の健康を害するものという点からも厳しく取り締まられるようになりました。

　サプリメントが広まり始めた最初のころは、「プロテイン」がサプリメントの代名詞という時期もありました。プロテインは「たんぱく質」のことですから、トレーニングとたんぱく質はセットで摂ることがいわれ始めると、アスリートからスポーツ愛好家まで「プロテイン」が好んで飲まれるようになりました。

ジュニア選手のサプリメント使用について

　最近では「ジュニア用プロテイン」とうたった子ども用のものも発売されています。そのような状況を受けて、「中学生になったら、プロテイン飲んだほうがいいですか？」とか「食事量が少ないから、サプリメントで補わないと栄養が不足してしまうのではと心配です」などというような、サプリメントがらみの質問を選手本人、保護者や指導者の方から受けることがあります。

　確かに、テレビや新聞でサプリメントのコマーシャルを見聞きすることは、今では普通になってきていますし、スーパーマーケットやコンビニエ

TIPS!

ジュニア選手とサプリメント―メリットとデメリット―

「ジュニア選手がサプリメントを摂ることのメリット」は？
①アレルギーなどで食べられない食品がある場合に不足する栄養素の補給が可能
②成長ホルモンが分泌されるなどタイミングに合わせてたんぱく質を含めた食事が摂りやすい
「ジュニア選手がサプリメントを摂ることに積極的に賛成できない理由」は？
①「必要な栄養素は食事から」の考え方に反することになる
⇒年齢が低ければ低いほど、サプリメントを摂取していることへの安心感が強くなる
②おやつの選び方なども含め、ふだんの食事がおろそかになる可能性がある

ンスストアでもレジ付近の目にとまりやすい場所に並べられることも大きく影響しているかと思いますが、選手やスポーツ愛好家の大人に限らず、ジュニア選手にとってもそれだけ身近な存在になっているのです。だからこそ、保護者も指導者も「必要な栄養素は食事から」という大原則を意識して、ジュニア選手が安易に手を出すことがないようにしてほしいと思います。

サプリメントの種類

IOC（国際オリンピック委員会）の合意声明では、アスリートにとってサプリメントの定義は「特定の健康状態やパフォーマンス発揮のために習慣的に摂取する食事に加え、意図的に摂取される食品、食品成分、栄養素、または非食品化合物」としています。

また、サプリメントの分類も諸説ありますが、主な分類は以下の通りです。

【スポーツフード】さまざまな理由により通常の食事のみで必要なエネルギー及び栄養素を摂り切れない場合に便利なもの。スポーツドリンク、エネルギーゼリー、スポーツバーなど。

【ダイエタリーサプリメント】減量中、アレルギー、海外遠征など、食事の摂り方がふだん通りにならないときに不足する栄養素を補うために摂取するもの。アスリートに不足しがちな鉄などの微量栄養素が摂れるタブレットや摂取タイミングが大事なたんぱく質補給用のプロテインパウダーやドリンク。

【パフォーマンスサプリメント】特定の運動能力を向上させる効果が報告されている成分が含まれているもの。ただし、安全性や有効性では科学的根拠（エビデンス）がそろっているものばかりではない。クレアチン、カフェインなど。

サプリメント利用の責任は選手自身が負うもの

サプリメントは、便利ではあるものの必ずリスクを伴っていることを知って、最終的には選手自身が使う・使わないを決めるべきというのが基本です。ただ、日本サッカー協会のサプリメントに関する方針は、「必要な栄養は、サプリメントに頼らず、食事（食品）から摂取してほしい」となっています。

最大の理由は、選手の安全確保とドーピングコントロールです。サプリメントは薬品ではないため、全部の含有成分を表示する義務がありません。表示を見ただけでは禁止薬物が入っているかの判断ができないことと、製造過程で禁止薬物が間違って混入されている（コンタミネーション）可能性があるためです。

とはいえ、サプリメントを毛嫌いすることも「損」かもしれません。状況によっては、サプリメントを上手に使用することが得策になる場合もあります。例えば、アレルギーがあって食べられない食品がある、海外遠征などで食事が偏ってしまう、開発途上国などで生水が飲めないために生野菜やカットフルーツの摂取が難しいなどの場合は、そのことによる栄養の偏りを防ぐために、またコンディションの維持を確保するために、サプリメントに頼らざるを得ないこともあるかもしれません。

利用する場合には、サプリメントの正しい情報を仕入れて、国産で安全が担保されるものを選ぶなど最低限のリスク管理をするようにしてください。そして、どんな場合も「選手の責任」は回避できないことも知っておいてください。選手はどんなにすすめられても最後に決めるのは自分で、全責任を負うのも自分であること、指導者もどんなによいと思っても決して強要はしてはいけないと思ってください。

サプリメントとの付き合い方の結論は、「サプリメントは信者にもならず、毛嫌いもせず」です。

実践 12

おやつとの付き合い方

おやつの食べ方を知り、コンディション維持につなげる

POINT

1 おやつは、1日に必要とされるエネルギー量の10％を目安とする
2 おやつの成分値にも目を向ける。特に脂質の過剰摂取には要注意！
3 おやつで満腹になっても、必要な栄養成分は摂れていないこともある

おやつはどんな食べ方をしてますか？

年齢によって、おやつの意味は違ってきます。一度にたくさん食べることができない年齢の場合は、「おやつ」はまさに「補食」で、3食ではエネルギーも栄養素も不足するものを補うという大事な働きがありますが、ここではもう少し大きくなった小学生以降の場合について考えていこうと思います。

サッカーの観戦中に気になった光景についてです。

お子さんにとってもサッカー観戦は解放感もあって、「遠足のような楽しさ」を伴うものなのだと思いますが、試合前半45分間ずっとおやつやスタジアムで購入したと思われるフライドポテトをおいしそうに食べている光景を目にすることがときどきあります。

一方、小さめのおにぎりやピックに刺してあるおかずが入っている手作りのお弁当をまず食べて、その後スナック菓子も含め、好きなおやつを食べている子どもたちの姿を見たこともあります。

もちろん、友達と一緒に食べるおやつには、「体の栄養」ではなく、「心の栄養」として大事な役割もあると思います。とはいえ、最初から「特別な日の楽しみ」としてスナック類を一袋抱えて食べていた場合と、まずはお弁当を食べてそのあとにお菓子を食べるのでは、大きな違いがあります。

エネルギー量を意識し、成分値にも目を向ける

種類にもよりますがスナック菓子1袋には300kcal前後のエネルギー量があります。男女差、体格、運動の有無にもよりますが、小学校低学年くらいの子どもの1日に必要としているエネルギー量を約1500～2000kcalと想定すると、スナック菓子1袋で300kcalというと15～20%になります。

おやつは、1日に必要とされるエネルギー量の10%を目安にすることを目指しましょう。

エネルギー量を意識できるようになったら、次は、パッケージに表示されている成分値にも目を向けるようにしたいですね。特に、脂質の摂り過ぎには注意が必要です。もちろん脂質も大事ですし、成長に欠かせない栄養素ですが、できれば、不足しがちなカルシウムなどの栄養素を摂れるように、何が含まれているのかを考えておやつ選びをすることも大事です。

では、おやつの食べ過ぎの問題点を確認してみましょう。

成長期の子どもたちがおやつを摂り過ぎた場合（≒エネルギーを摂り過ぎた場合）の一番の問題は、「おやつで満腹になってしまい、本来の食事がしっかり摂れなくなる可能性がある」ということです。

おやつでおなかいっぱいになるということは、エネルギーを過剰に摂ってはいても、必要な栄養素は不足していることが考えられます。つまり、成長期であるにもかかわらず、大事な栄養素を摂らずに「満腹」だということです。

いわゆる「エンプティカロリー（エネルギーのみで必要な栄養素が摂れない）」の食品は成長期には、避けたいものです。成長期は体が成長することはもちろんですが、「よい食習慣」が身につく時期でもあるからです。

おやつタイムと食事タイムの時間や量のバランスの大切さは、ふだんの生活の中でもいえることかもしれません。「食べる（摂る）順番」や「内容」「量」を判断できる力は、大人になっても必要なことです。「一生の宝物」になるそんな力を、子どもたちに身につけさせられるのは、保護者だからこそできることです。日常生活の中で、なにげなく気づいてもらえるような日々の過ごし方が目標ですね。

表 2-11 サッカー選手におすすめのおやつ

タイプ	食品例	目的
主食系	おにぎり、サンドイッチ	エネルギー補給など
果物	バナナ、みかん、りんご	エネルギー補給、ビタミン類補給、カリウム補給など
乳製品	牛乳、ヨーグルト、チーズ	たんぱく質、カルシウム補給など
お菓子系	お団子、カステラ、肉まん	エネルギー補給など
その他	魚肉ソーセージ、ナッツ&小魚	たんぱく質補給、カルシウム補給など

実践13

食物アレルギーについて

食事が原因で命を落とすことがないように気をつける

POINT

1 命にかかわる食物アレルギー「アナフィラキシーショック」
2 運動との組み合わせで起こる食物依存性運動誘発アナフィラキシー
3 食物アレルギーを自覚し、万一に備えて処置の仕方を習得しておく

食物アレルギーとは

最近よく耳にする「食物アレルギー」という言葉ですが、「食物アレルギー」とは何でしょうか？

食物アレルギーとは、「食物に含まれているものが原因で、体に不利益な反応が起きること」を指します。

「食物アレルギー（反応）」とはどんなものかというと、人間がもとから備えている外敵（ウイルスや細菌など）を排除する働きが、排除する必要のない食べ物に対して、誤って過剰に反応してしまうことといえます。

食事（栄養）は生きていくうえで欠かせないものです。その食物が、体質によっては摂り方に細心の注意が必要になってくるということです。生きるために必要な「食事」が原因で、命を落とす危険さえあるのです。

アナフィラキシーショック

食物アレルギーの中でも、命にかかわる「アナフィラキシーショック」の例をご紹介します。

悲しい事故として目にすることもあるようになった「アナフィラキシー」とは、極めて短時間に、全身に現れるアレルギー症状のことです。その中でも「アナフィラキシーショック」は、血圧低下や意識障害など命を脅かすほどの強いショック症状が出ることをいいます（個人の体質によって異なります）。

悲しいことではありますが、食物アレルギーのある児童生徒が、給食を食べたときに「アナフィラキシーショック」を起こして、命を落とすことになった事例がいくつもあることを意識しておくことも必要だと思います。

食物依存性運動誘発アナフィラキシー

「食物依存性運動誘発アナフィラキシー」とは、アレルゲン（アレルギーの原因）である食物を摂るだけでは起こらず、その後2時間以内に強度の高い運動することで発症しやすいといわれているアレルギー反応のことです。じんましんなど皮膚疾患の出現に始まり、喉頭浮腫、喘鳴などの呼吸器症状を伴ったショック症状を起こし、最悪は死に至ることもあるといわれています。具体例としては、給食でアレルギー物質を含むものを食べ、昼休みや午後の体育の授業で激しい運動をすることで、この症状を発症しています。給食後の昼休みや体育の授業、昼食後の運動系部活動がある小中学生では、ごくまれに発症することがあるので、アレルギーについても把握しておくことが必要です。

「食物依存性運動誘発アナフィラキシー」は「食物アレルギー＋運動」が発症条件で、運動が伴わなければ発症しません。また、これを食べたら必ず発症というわけではなく、そのときの体調なども大きく関係するようです。

しかし、食物アレルギーがある場合は、運動することでアナフィラキシーを起こす可能性もあるということを、小さいころから知っておき、異変があればすぐに運動を中止するなどの正しい処置ができる、あるいは正しい処置をお願いできるようにしておくことは、命を守るためにとても大事なことです。

自分の命は自分で守る

いつどんな場合でも「自分の命は自分で守る」ことが大事です。このことは食物アレルギーがある場合にも共通です。小さいうちから食物アレルギーがあることを自覚して、大人（先生やコーチなど）に伝えることができるようにしておくこと、また、万が一に備えての処置の仕方（アドレナリン自己注射製剤：エピペン）を身につけておくことも大切です。発作が収まっても経過観察は必須で、24時間は1人にならない（させない）ようにしましょう。アナフィラキシーショックを起こしても、適切な処置が早いタイミングでできれば、命にかかわることは回避できます。

表示義務や推奨表示が指定されているアレルギー物質もあるので、表示を必ず見る習慣をつけましょう。それ以外は、表示されずに含まれている可能性があるので、注意が必要です。いずれにしても、アレルギーは命にかかわるものですから、必ず専門医の指導の下で「除去食」などの対策をとるようにしてください。

実践
14

家庭での食育

正しい食習慣は子どもの未来を育む一生もののプレゼント

POINT

1 家庭での日々の食事そのものが食育の場
2 身近なところでは3食の意味をよく理解すること
3 個に応じた食育は、正しい食習慣の礎になる

日々の食事の中で食についての総合的な教育を行う

ご家庭の事情にもよりますが、中学校卒業までは家庭で生活することが多いのではないでしょうか。義務教育終了の年齢というと、ほぼ成長期が終わるころにあたります。つまり、体も心も成長する大事な時期の食事は、給食なども含めて家庭での影響が大きいものといえます。

成長期という大事な時期の食事は、摂り方（選び方、食べ方、タイミング、マナーなど）も含めて食習慣の

基礎になるものです。家庭における日々の食事そのものが「食育」といえるわけです。

では、あらためて「食育」とは何でしょうか？　食育基本法では「生きる上での基本であって、知育、徳育及び体育の基礎となるべきもの」と位置づけられています。つまり、単なる料理教育ではなく、食に対する心構えや栄養学、伝統的な食文化についての総合的な教育のことだということです。

選手に限らず、私は誰にでも「料理がおいしく、上手に作れるのがもちろん理想で、目標かもしれないけれど、料理ができなくても『この時期に何を食べればよいか』がわかっていて、それを見つける力があることが一番大事！」と伝えます。身近なことでは3食の意味をよく理解していることです。

3食の意味をよく理解することが大切

【朝食】1日のアップにあたるのが「朝食」です。前日の夕食からの時間を考えれば、当然エネルギー源も水分も不足状態なわけですから、朝食を摂らないで1日がスタートすることはあり得ません。特に小中高校生の場合は、午前中は学校の授業もあるわけですから、朝食欠食≒脳のエネルギー不足と考えてください。社会人の場合ももちろん同様です。「朝食を食べないで、1日をスタートさせるなんてあり得ない」と考えられるようになっていれば、朝食欠食率が年齢とともに増えていくはずはないと思います。

【昼食】小中学生で給食の場合は基本的に問題ありません。むしろ給食がない環境の場合は、給食をモデルに考えて作るなり、選ぶなりをしていただければよいと思います。昼食は午後から夕方までの活動の大事なエネルギー源です。ただ、昼休み時間がゆっくりとれない場合もあります。消化に時間のかかるものは避けたほうがよいこともわかってきます。消化のために血液が内臓のほうに集中して、食後に眠気がきやすかったりします。食後の眠気に関しては、急に血糖値が上昇しないような食べ物や食べ方を選ぶのもよいと思います。

【夕食】 夕食の一番の目的は、就寝中に分泌される成長ホルモンの有効利用と翌日以降の予定に合わせた食事にすることです。熟睡しているときの成長ホルモンの働きを考えると、夕食で食べたものが就寝までに消化されていることがポイントになります。夕食から就寝までの時間にもよりますが、夕食で「何を食べるか」は消化吸収時間をある程度理解したうえで、夕食の内容や量を考えることが欠かせません。

もちろん3食の意味がわかるだけでなく、なんのために食事するかなど、食事そのものの役割も重要視されています。各自がそれぞれの目的を達成するためには、食事への強い関心も大事です。まずは、欠食せずに、しっかり食べることです。まさに「腹が減っては戦はできぬ」ですから。

食育で子どもたちに一生もののプレゼントを贈る

最近は学校をはじめ自治体・企業などさまざまなところで「食育」が実施されています。冒頭でも紹介したように、食育基本法でも食育は生きるうえでの基本という位置づけですが、やはり、家庭での食育が一番です。さまざまな経験を通じて、食に関する知識と食を選択する力を習得し、健全な食生活を実践することができる人間を育てることは、「個」に沿って、「個」を大事に考えることで、よりよいものになると思っています。つまり、個に応じた食育は、正しい食習慣の礎になるものです。

「正しい食習慣を身につけること」は保護者から子どもたちへの一生ものの最高のプレゼントだと思っています。世界でも注目されている日本の食文化をみんなで伝承していきましょう。

実践
15

夏バテ予防も食事から

夏バテの構図を知ろう！

POINT

1 冷たい水やスポーツドリンクのがぶ飲みは見直そう
2 めん類は単品でなく「＋α」をして栄養バランスのよい食事に
3 夏バテ予防に関係するビタミンB_1、B_2、Cなどの栄養素を知る

夏バテサイクルに陥らないために

ここ数年、以前とは全く違う暑さを実感している方も多いかと思います。体温より高い気温、まさに「猛暑」です。このことは気のせいではなく、さまざまなデータでも証明されています。そんな暑いときに問題になっているのが、「熱中症」と「夏バテ」です。

熱中症の予防については、実践6の水分補給で触れているので、ここでは「夏バテ」について考えてみましょ

う。「夏バテ」対策がうまくいかないと、「秋バテ」につながる可能性があるので、夏バテ対策は重要です。ただし、「だるい」「食欲がない」「疲れが抜けにくい」は夏バテといえる主な症状ですが、「夏バテ」は正式な医学用語ではないそうです。

では、「夏バテ」はどうして起こるのでしょうか？　原因は一概にはいえませんが、「食事」をキーワードとして考えてみると、「暑くて食欲がない⇓冷たいものや口当たりのよいものが食べたい⇓…」という構図が出てきます（図２-９）。そのときに対処すべき大事なポイントを挙げてみましょう。

夏バテ予防のためのチェックポイントは？

①水分補給の仕方を見直しましょう

熱中症予防の第一は、「水分補給」です。とはいえ、冷たい水を一度にたくさん飲むことは、問題もあります。例えば、特に清涼飲料水やスポーツドリンクなどを一気に飲んだ場合は、容積でも胃の中がいっぱいになりやすいですし、含まれている糖分の量（５００mlのペットボトルには35～50ｇの糖が含まれています）も影響します。糖分の影響で、一時的な満腹感で、食欲が落ちます。

表 2-12 夏バテに特に関係する主な栄養素と働き

栄養素	働き	多く含まれている食品・食材
ビタミン B_1	糖質をエネルギーに変える際に欠かせない。疲労回復効果	豚肉、うなぎ、枝豆、納豆、強化米
ビタミン B_2	脂質をエネルギーに変える際に欠かせない	レバー、うなぎ、まぐろ、かつお
ビタミンC	疲労原因の一つとなる活性酸素を抑える抗酸化作用	緑黄色野菜、かんきつ類、いも類
たんぱく質	筋肉だけでなく、酵素やホルモン、抗体などの構成材料	魚介類、肉類、卵類、乳類
その他	たんぱく質補給、カルシウム補給など	魚肉ソーセージ、ナッツ&小魚

図 2-9 暑さが引き起こす夏バテサイクル

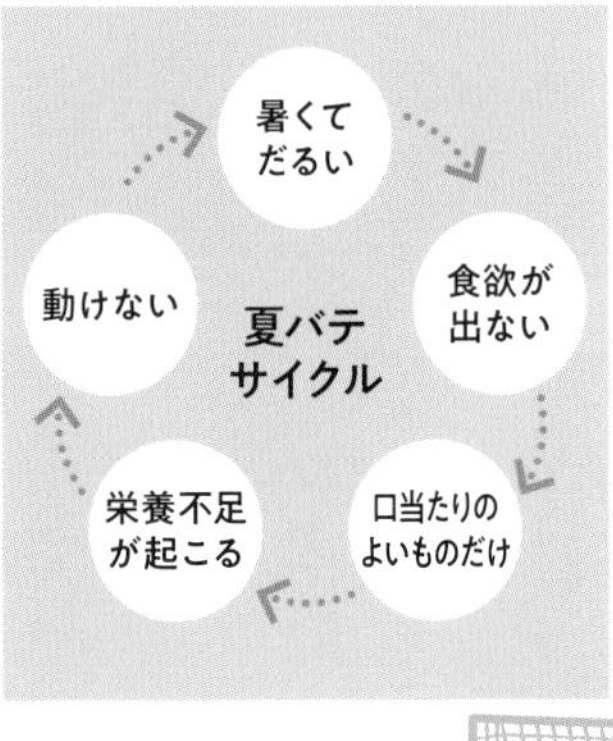

②栄養のバランスも考えてみましょう

口当たりのよいもの、例えば冷たいそうめんやざるそばなど口当たりのよいもの、のど越しのよいものを単品で食べていると栄養バランスに問題が出ます。確かに、のど越しのよいものは食欲のないときにとても有難いものです。そのときは単品ではなく、ぜひ「＋α」を追加することを考えましょう。

そうめんなどのめん類にはエネルギー源としての糖質が多いですし、水分も一緒に摂れますが、糖質をエネルギーに変えるためのビタミンB_1はほとんど含まれていません。ビタミンB_1を多く含む食品（豚肉、枝豆、うなぎ、鮭、納豆など）を「＋α」して、一緒に食べることが有効です。

③夏バテ予防に焼き肉はありでしょうか？

暑気払いと称して、「焼き肉パーティー」などを催されることもあるかと思います。確かに、気持ち的には「夏バテ予防」や「やる気アップ」につながるかもしれませんが、夏バテで、消化機能が落ちているとしたら、脂が多かったり、にんにくの量が多すぎたりするものは注意が必要です。ただ、にんにくやにらなどに含まれているにおい成分の「アリシン」はビタミンB_1の吸収をよくしてくれているので、自分の体調と相談しながら適量を食べることは有効です。

TIPS!

熱中症と深部体温、冷たい飲みものと夏バテ

「深部体温」は脳や内臓など体の内部を守るためにいつもほぼ一定に保たれている体温のことです。深部体温が上昇すると熱中症の症状が出ることから、「冷たい水」を飲むことを心掛けている方も多いと思います。「アイススラリー」(シャーベット状の飲料）を飲むことの深部体温上昇抑制の効果も紹介されていますが、一度に飲む量は比較的少なめです。つまり、冷たいものを飲むことが熱中症予防に効果があるというのも一長一短で、夏バテの視点からは、冷たいものを摂り過ぎて内臓が冷えて消化機能に影響が出たり、血流が悪くなったりすることも懸念され、ひいてはそれが「秋バテ」につながらないとも限りません。状況を考えて何を選ぶかということも「夏バテ予防」では大切です。

Column
02

コンビニを強い味方にするのもあなた次第です！

「コンビニが我が家の冷蔵庫」というのはやや飛躍し過ぎた言い方ですが、それだけコンビニが身近な、そして「なくてはならない存在」になってきていることは本当だと思います。

以前、運動部に所属する学生から「合宿場所を決めるにあたって、コンビニがそばにあることが大きなポイント」と聞いたことがありました。その理由は、朝練前のバナナ、朝練後の牛乳を調達するために、コンビニを利用したい！とのこと。宿舎に頼むよりもコンビニのほうが、人手が入らない分、値段的にも安価で、思ったものが手に入りやすいそうです。

コンビニでは、店頭に並んであるものから選ぶだけではなく、あらかじめ頼んでおくことで、「合宿時の必需品」を適正価格で確実に準備できるという利用の仕方を私自身が知ったのはそのときです。「コンビニの偉大さ」を実感しました。

コンビニというと練習帰りの小中学生が立ち寄って、「練習を頑張ったご褒美！」という理由で、好きなものを選んでいる様子を見かけることもたまにありますが、コンビニを味方にするかどうかは利用する人の考え方次第です。

元Ｊリーガーから、中学生時代の話として、練習帰りにチームメイトと立ち寄ったコンビニで、友達は好きなものを選んでいる中、自分は背が大きくなりたい一心であまり得意ではない牛乳を「練習後」というタイミングに合わせてあえて選んで飲んでいたという話を聞いたことがあります。そう考えると、コンビニは、自分に今必要なものを自分の意志で選択する力を養う場所であるともいえます。

「食べたものが体の材料」「食べたものが使ったエネルギーを補って疲労回復につなげる」という、まさに「スポーツ栄養学の基礎」をしっかり理解しておくと、コンビニは「『食事の摂り方トレーニング』の場」にもなるのです。そして、食事の摂り方がしっかり身についていれば、コンビニ利用のときに限らず、合宿や遠征時のバイキング形式の食事会場でも、「何を選べばよいか？」の答えを自分で導き出すことができるようになります。

「練習帰りのコンビニ立ち寄りは禁止！」となるのは、利用する側に利用するにあたっての知識が足りないからなのかもしれませんね。

第3章

献立・レシピ編

食事作りの一番の悩みは“献立作り”。
それを解決するためのアドバイスと、
増量、減量、貧血予防、風邪予防、骨強化、
リカバリー、試合当日、試合期、朝食などの
目的別におすすめレシピを紹介！

を組み合わせよう

けだったら、食べても味の感動が少なかったり、見た目からもすべてが「茶色の料理」となってしまう可能性があります。それだと、食事の楽しさにつながりにくくなるのではないでしょうか。

さまざまな食材を用いて栄養バランスをととのえる

動物性食品、植物性食品と大きく２つに分けられますが、動物性食品は主にたんぱく質源になるものが多いです。

例えば、肉類と魚介類、これらは主にたんぱく質を多く含む「主菜」になる食材です。たんぱく質源になる食品を考えたとき、肉や魚、卵や牛乳・乳製品は動物性食品ですが、大豆はもちろん米のような植物性食品にもたんぱく質は含まれています。また、ビタミンやミネラルのような微量栄養素は種類が異なるさまざまな食品に含まれています。

そう考えると、「肉は大好きだから、いくらでも食べられるけど、魚は骨があるから好きじゃない。でも、たんぱく質は問題ないでしょ」という、たまに耳にする魚嫌いの人の言い分は成り立ちませんよね。「食事バランスガイド」的には問題なくても、主食、主菜、副菜などの料理区分のそれぞれの中でもバランスよく摂ることが大事です。

メニュー作りは調理法・味付け・食材を駆使する

以上のようなことから、メニューを立てるときには広い意味でのバランスが大事になってきます。

外食の場合は○○系の料理というメニューの選び方が多いですが、例えば「中華料理系」や「フランス料理系」にまとめるとすると、調理法や味付け、食材に偏りが出やすくなるので、「家庭でのふだんの食事」ではなるべくさまざまな調理法や味付け、食材を取り入れることも大事です。

例えば、１食の中に和食も中華も洋食も取り入れるというのが苦手な場合は、夕食が中華料理系だったなら、朝食は和食系、昼食は洋食系というような考え方で、１日の中でさまざまな味付けが含まれるとよいと思います。

献立
01

メニューの組み合わせに一工夫を

調理法・味付け・食材

メニュー作りでは広い意味でのバランスも考えてみてください！

⚽ 調理法を変えればどんな食材も魅力アップ！

同じ素材でも調理法によって、ずいぶん変わってきます。

例えば、ほうれんそう。これはβ - カロテン、ビタミンC、葉酸などのビタミン類、鉄、カリウムなどのミネラルと栄養豊富なものですが、いつも定番の「お浸し」では、飽きてしまうだけでなく、食欲もなくなってくるかもしれません。また、お浸しといえば、和風の代表的なメニューです。

ほうれんそうの魅力を生かして、新しい味に目覚めてくれるような調理法を素材ごとに知ることも大事です。

素材ごとにさまざまな調理法（ゆでる、煮る、蒸す、炒める、揚げるなど）や調理例がイメージできるとよいと思います。そして、その努力（調理を主に担当される方、母親ということが多いかもしれませんが）がもしかしたら、子どもの好き嫌いをなくす取り組みにもつながるかもしれません。

ほうれんそうもお浸しは苦手でも、グラタンなら大好きとか、にんじんも煮物は嫌いでも、サラダや天ぷらならおかわりしたいほど、ということもあります。

素材別に、「我が家の人気調理法」をご家族で考えていただくことも「家庭でしかできない食育」につながるかもしれません。

⚽ 味付けは基本五味でバラエティ豊かに

基本五味などといわれているように、味には基本的に、「甘味（かんみ）」「塩味（えんみ）」「酸味（さんみ）」「苦味（にがみ）」「うま味（うまみ）」の5種類があります。

甘味はおいしいから食べやすい＝欠かすことのできないエネルギー源の味、塩味はミネラルの味、おいしさの素のうま味はたんぱく質の味というように、私たちに必要な栄養素の味は自ずとおいしいと感じますが、逆に苦味は毒、酸味は腐敗したものに多いというように、体に害となるものは、自然と避けるようになっています。

それぞれの味には役割もおいしさもありますが、メニューの組み合わせとしては、いろいろな味があったほうが都度の食事が楽しみになると思います。

例えば、何品かのおかずで、素材は違っているのにどれも同じような甘辛い味付

によって脂質の量が違う

表 3-2 肉の種類・部位別のエネルギーと脂質の量（100 g当たり）

食品名	エネルギー(kcal)	たんぱく質（g）	脂質（g）
牛肉（国産牛；乳用肥育牛肉）			
肩ロース・脂身付き	295	16.2	26.4
肩ロース 皮下脂肪なし	285	16.5	25.2
サーロイン・脂身付き	313	16.5	27.9
サーロイン・皮下脂肪なし	253	18.4	20.2
もも・脂身付き	196	19.5	13.3
もも・皮下脂肪なし	169	20.5	9.9
ヒレ	177	20.8	11.2
ひき肉	251	17.1	21.1
豚肉（大型種肉）			
肩ロース・脂身付き	237	17.1	19.2
肩ロース・皮下脂肪なし	212	17.8	16.0
ロース・脂身付き	248	19.3	19.2
ロース・皮下脂肪なし	190	21.1	11.9
ばら・脂身付き	366	14.4	35.4
もも・脂身付き	171	20.5	10.2
もも・皮下脂肪なし	138	21.5	6.0
ヒレ	118	22.2	3.7
ひき肉	209	17.7	17.2
鶏肉（若鶏）			
手羽元・皮付き※	175	18.2	12.8
むね・皮付き	133	21.3	5.9
むね・皮なし	105	23.3	1.9
もも・皮付き	190	16.6	14.2
もも・皮なし	113	19.0	5.0
ささみ	98	23.9	0.8
ひき肉	171	17.5	12.0

※別名ウイングスティック

出典：『日本食品標準成分表 2020 年版（八訂）』準拠より計算

食材選び
01

同じ食材でもこんなに違う①

肉類は選ぶ種類や部位

肉の種類と特徴、部位による脂質量を理解して使い分けましょう

肉の種類と部位の選び方で余分な脂質を控える

さまざまな調理法や味付け、食材を取り入れることが大事ということをお伝えしましたが、同じ食材でも実は選び方で大きな違いがあることを紹介しましょう。

例えば、主菜に使われる『肉類』についてです。たんぱく質は体づくりに欠かせない栄養素です。そして、そのたんぱく質を多く含む代表的な食材の一つが肉類です。そもそも『肉類』は食用とする動物の筋肉と脂肪の部分を指します。肉には脂肪がつきもので、種類や部位によって、たんぱく質を摂るつもりでいても、脂質が思っている以上に多く含まれているものもあります。

以下に、一般的な牛肉、豚肉、鶏肉の特徴（表3-1）と、基礎6でも少し触れましたが、肉類部位による脂質の量 (表3-2）を紹介します。

表3-1 肉の種類と特徴

食品	多く含まれる主な栄養素と作用	調理・献立のヒント	調理例
牛肉	鉄：赤血球のヘモグロビンや筋肉中のミオグロビンの構成材料。ヘモグロビンもミオグロビンも酸素の運搬にかかわるため、不足すると酸素不足の状態となり、息切れやめまいが起こりやすくなる	鉄を効率よく摂取しながら、たんぱく質も摂れる牛肉。鉄の吸収を高めるためには、ビタミンCを一緒に摂れる献立がおすすめ。ただし、部位によって脂質の量が極端に違うため、味や見た目では選ばず、脂質量を確認したり調理法を工夫したりする	輸入牛もも肉のチンジャオロース（ただし、具材を油通ししないアスリート向けの調理法で）、牛赤身ひき肉のそぼろなど
豚肉	ビタミンB_1：糖質代謝にかかわる。練習や試合時の大事なエネルギー源であり、脳のエネルギー源でもある炭水化物がエネルギーになるのに欠かせない栄養素。不足するとエネルギー不足になる	ビタミンB_1は水溶性で熱に弱く調理中に損失しやすいが、にんにく、ねぎ、にらなどに含まれるアリシンと一緒に摂ると安定性が高まる。部位によっては脂質が多いので、たんぱく質を摂るつもりが同じくらいの脂質を摂ってしまっていることもある	にんにくはちみつ入りしょうが焼き、豚肉とたまねぎのトマト煮、豚肉と甘酢らっきょう炒め、豚肉のマーマレード煮など
鶏肉	ビタミンA(レチノール)：皮膚や粘膜を健康に保つ働きや光の明暗を感じる機能などにかかわる。不足すると皮膚や粘膜が乾燥して傷つきやすくなり、ウイルスが体内に侵入しやすくなる	高たんぱく質低脂肪の鶏肉は筋力トレーニングに欠かせないものだと感じるかもしれないが、ビタミンAも豊富。皮付きの部位は脂質が思っている以上に多いので、状況に応じて皮の付いていない部位を使用するなどの工夫をすることが大切	鶏もも肉の蒸し鶏、鶏もも肉とブロッコリーのクリームコーン煮、皮なし鶏肉のタンドリーチキン、ささみの葛たたきなど

て吸油率が異なる

さらに、「見えない脂質」から余分な脂を落とすことも大事です。「見えない脂質」とは食材に含まれる脂質であり、クロワッサンの中に練り込まれているバター、ソーセージ類などひき肉で作った加工食品の脂も「見えない脂質」です。肉の脂身は比較的確認しやすいので、切り落とすなどすれば脂質を減らすことができます。部位にもよりますが、脂身を切り除けば、脂質量は約６割になります。

最後に、水代わりに牛乳を飲んでいるアスリートも少なくないと思いますが、牛乳を１日に１ℓ飲んだとして、その中に40g近い乳脂肪が含まれていることを知っているでしょうか（表3-4参照）。『日本食品標準成分表』はサッカー選手の食事作りの座右の書です。成分表で確認する習慣をぜひつけましょう。

表3-3 調理における吸油率（参考値）

調理名	調理法	吸油率	その他
素揚げ	素材をそのまま揚げる	3～14%	素材の種類（水分量）によって異なる。水分量高>水分量低
から揚げ	小麦粉あるいは片栗粉をまぶして揚げる	6～8%	衣を何にするかでも異なる。小麦粉>片栗粉
フライ	小麦粉、溶き卵、パン粉を付けて揚げる	6～20%	パン粉の種類や揚げ油の温度によっても差が出る。生パン粉>乾燥パン粉
天ぷら	小麦粉と卵を合わせた衣を付けて揚げる	12～25%	素材の種類による。かき揚げなどは衣が多いので高くなる。衣多い>衣少ない

表3-4 乳製品の種類による栄養素の違い（200mℓ=210g当たり）

食品名	エネルギー(kcal)	たんぱく質（g）	脂質（g）	カルシウム（mg）
普通牛乳	128.1	6.9	8.0	231
加工乳 濃厚	147	7.1	8.8	231
低脂肪牛乳	88	8.0	2.1	273
乳飲料 コーヒー	117	4.6	4.2	168
乳飲料 フルーツ	97	2.5	0.4	84

出典：『日本食品標準成分表2020年版（八訂）』準拠より計算

調理法
01

同じ食材でもこんなに違う②

揚げものは調理法によっ

脂質は大事な栄養素だが摂取し過ぎないように調理法を知りましょう

脂質はサッカー選手にとって敵か味方か

サッカー選手にとっては脂質の量が気になることもあります。もちろん、脂質も大事な栄養素です。脂質の種類によって働きに違いがありますが、効率的なエネルギー源であるだけではなく、体内で合成できない必須脂肪酸の供給、脂溶性ビタミンの吸収促進、ホルモンや細胞膜の材料になるなど大事な働きもあります。

とはいえ、脂質の摂取を控えたほうがよい場合もあります。脂質を摂り過ぎてしまうと、使い切れなかったものは体脂肪として蓄えられます。アスリートにとって余分な体脂肪は「体の重り」となって、動きのキレを損ないかねません。大事なことは、脂質を毛嫌いするのではなく、摂り過ぎないようにすることです。

揚げものの吸油率は、天ぷら>フライ>から揚げ>素揚げ

手っ取り早く脂質の量を減らすには、調理に使った油、パンに付けるバターなど、使っていることが確認できる「見える脂質」を減らしていくことです。

油を使った調理といえば揚げものですが、調理法による吸油率を知っておくと調理の幅が広がります（表 3-3）。ただ、吸油率はあくまでも参考値です。揚げる素材だけでなく、油の温度も、揚げた後の油切りの仕方など、さまざまな要素が関係してくるので、あくまでも「参考値」と考えてください。

※揚げものの油の使用量を計算してみよう（油使用量 ＝ 素材の重量 × 吸油率）

例１）鶏肉（100g）をから揚げ（７％）にするときの油の使用量

100×7/100 ＝ 100 × 0.07 ＝ 7（g）

例２）なす（80g）を素揚げ（14％）にするときの油の使用量

80 × 14/100 ＝ 80 × 0.14 ＝ 11.2（g）

調理法を工夫して余分な脂質を控える

「見える脂質」から余分な脂質を控えるためには、油の量を計って使用するなどの小さな工夫はもちろんですが、揚げる、炒めるといった、油を使った料理以外のレパートリーを増やすことも大切です。炒める料理の際には、油の量を最小限にするために、フッ素樹脂加工のフライパンを使うことも大きなポイントです。

増やさない、やっつける」

お弁当を傷みにくくするテクニック

1. 大原則は「冷ましてから詰める」⇒朝炊いたごはんも朝作ったおかずもいったん冷ましてから詰めること。まだ熱くて湯気が出ているうちに詰めると、お弁当箱の中に水滴がたまり、傷みやすい条件になります。
2. 作り置きのおかずを利用する際は必ず温め直す⇒中途半端な加熱だと細菌にとっての「適温」になってしまいます。おかずも中までしっかり火が通っているかどうかを確認することも欠かせません。
3. 弁当箱は洗ってあっても最初に熱湯をかけて、ペーパータオルなどできれいに水気を拭く⇒ふたのパッキンや内側に水分が残っていると、そこも細菌の繁殖場所になってしまう危険があります。

お弁当作りのまとめ

1. 弁当箱は最初に熱湯をかけて消毒し、ペーパータオルなどでしっかり拭いておく。
2. おかず同士がくっつかないように区切り用の使い捨てカップなどを利用する。
3. 素手で詰めない。おにぎりも素手では握らない。
4. 味はやや濃いめにする（濃いめのほうが傷みにくく冷めてもおいしい）。
5. 水分が出るようなもの入れない（例えばカット野菜やフルーツなど）。
6. フルーツはなるべく切らずに、お弁当箱とは別容器に入れる。
7. 保冷剤と保冷バッグはセットで使い、夏場のお弁当には必須アイテムとする。
8. お弁当の抗菌シートなども有効に利用する。

お弁当
01

お弁当作りのポイント

食中毒菌を「付けない、

遠征や試合先で安心してお弁当を楽しめるように食中毒を予防しましょう

お弁当作りと食中毒

お弁当というと誰でも楽しみな気持ちになりますよね。ただ、そのお弁当も注意を怠ると食中毒を発症する危険性があります。

サッカーの場合は基本的に屋外のスポーツですから、お弁当作りでは、保管場所も含めて、特に夏場は注意が必要です（お弁当の保管は個人だけでなくチーム・クラブとして考えることもとても大事になってきます）。

暑い時期になるとお弁当業者の作ったお弁当でも、食中毒が発生したという記事が新聞などのメディアに出ることがあります。プロが作ったお弁当であれば、調理する人も調理場の環境も衛生管理が行き届いているはずです。それでも食中毒が起こることがあるのですから、家庭で作るお弁当の場合には、いちだんと注意が必要です。厚生労働省では、細菌による食中毒を予防するために、『食中毒予防の三原則』を定めて紹介しています。

食中毒予防の三原則

食中毒予防の三原則は、食中毒菌を「付けない、増やさない、やっつける」ことです。

1. 付けない⇒私たちの手には、目に見えないさまざまな細菌などが付いています。注意しないと「手」を介して、食品に細菌が付いてしまうことに。つまり、「付けない」を守るためには、「手洗いの励行」が大前提です。
2. 増やさない⇒細菌類は条件が整うと爆発的な勢いで増えてきます。増えなければ、食中毒を発症しないこともあるので、「増やさない」ことは予防の大きな原則です。具体的には、「時期によっては保冷バッグの利用」や「食品や出来上がった料理の常温放置をしない」などです。
3. やっつける⇒細菌は高温に弱いですから、なんといっても大事なことは「加熱」です。加熱とは食品の芯まで熱が通っていることです。特に作り置きで冷蔵保存していたおかずを利用する場合は必ず確認してください。また、加熱する際の調理器具にも細菌が付いていることを意識して、片付ける際には塩素系漂白剤を定期的に利用するなど、殺菌も心掛けましょう。

体づくり（筋肉づくり）というと「たんぱく質」を食べればよい！ と思いがちですが、実はたんぱく質だけ食べても効果はありません。たんぱく質を体づくりに有効に活用するためには「エネルギー源」である「炭水化物」を一緒に摂ることが大事です。

体づくり

レシピ 01

高たんぱく質低脂質の丼物

鶏ささみの親子丼

鶏ささみは、高たんぱく質低脂質の代表的な食材です。パサパサ感がありますが、酒などの水分を吸わせたり片栗粉を振りかけたりなどの工夫でおいしく食べられます。丼物なので体づくりを助ける炭水化物もしっかり摂れるメニューです。

材料 1人分

ごはん…丼1杯（約220g）、鶏ささみ肉…100g、たまねぎ…中1/2個、しいたけ…中1個、卵…1個、だし汁…100ml（顆粒だしで作る）、砂糖…小さじ1、しょうゆ…大さじ1、酒…大さじ1、片栗粉…適宜

作り方

1. 鶏ささみ肉はひと口大のそぎ切りにして、酒を振りかけておく。
2. たまねぎは薄切り、しいたけは3㎜程度の千切りにする。
3. 卵は割りほぐしておく。鶏ささみ肉は片栗粉を薄く振りかけておく。
4. だし汁、砂糖、しょうゆを鍋に入れて火にかけ、煮立ってきたら、たまねぎ、しいたけ、鶏ささみ肉を入れて、中火で火が通るまで3～4分煮る。
5. 火が通ったら、割りほぐした卵を回し入れ、半熟になったら好みの固さで火を止める。
6. 丼にごはんを盛り付け、5の具を上からそっとかける。あれば青ねぎの小口切りを上からちらす。

※ささみに片栗粉を薄く振りかけて調理すると、なめらかな口当たりになる。

栄養価 1人分

エネルギー…601kcal、たんぱく質…39.4g、脂質…7.71g、炭水化物…96.1g、ビタミンB_1…0.23㎎

筋肉づくりとセットで考えることが大事です。トレーニングと食事で大きな筋肉をつくっても、支える丈夫な骨がなければ不十分です。骨といえばカルシウム。カルシウムの吸収促進効果のあるビタミンD、骨の材料のたんぱく質もしっかり摂りましょう。

骨づくり

骨づくり

レシピ 02

カルシウム豊富なさば缶レシピ

さばカレー

缶詰のさばカレーも見かけますが、さば缶とトマト水煮缶を使うことで簡単に価格も抑えたものを作ることができます。カルシウムやｎ－３系脂肪酸を豊富に含むさば缶で手軽に作ったカレーは、ごはんにもパンにも合います。

材料 作りやすい分量

さば缶…1缶、トマト水煮缶…1缶、たまねぎ…1個、（好みで）野菜（じゃがいも・にんじん・きのこ類など）…適量、サラダ油…大さじ1、カレー粉…大さじ1、にんにく・しょうが…適宜

作り方

1. たまねぎ、にんにく、しょうがはみじん切りにしておく。
2. 油で、たまねぎ、にんにく、しょうがを炒め、薄く色づいてきたらカレー粉を加えさらに炒める。
3. さば缶とトマト水煮缶を加え、形を崩しながら煮る。
4. 5分ほど煮て、少しとろみが出てくればカレー完成。

写真は盛り付け例のさばカレーライス。
ごはんはビタミン強化米入りがおすすめ

栄養価 上記分量分

エネルギー…630kcal、たんぱく質…48.2g、脂質…34.4g、炭水化物…43.7g、カルシウム…580mg、鉄…5.5mg、ビタミンD…22.0μg、ビタミンB_1…0.67mg、ビタミンC…75mg

ビタミンＤはカルシウムの吸収を促進して骨を増強する働きがあります。筋肉の合成も促進する作用も報告されており、丈夫な骨づくりにも体づくりにも欠かせない栄養素です。最近は免疫力アップの効果もいわれている注目のビタミンです。

ビタミンD
強化

ビタミンD強化

レシピ
03

ごはんにのせて手軽に補給！

手作り鮭フレーク

ビタミンＤの豊富な鮭を使った一品です。手作りのおいしさは格別です。ごはんにかけたり、おにぎりの具やオムレツの具、サラダのトッピングにしたり、和洋多様な料理に使えます。ただし無添加の手作りなので冷蔵庫に保存しても日持ちはしません。

材料 作りやすい分量

甘塩鮭…２切れ（１切れ約80g）、粉末昆布だし…適宜、酒…大さじ１～２、みりん…大さじ１、しょうゆ…少々

作り方

1. 鍋に水を入れて、沸騰したら常温に置いておいた鮭を静かに入れて弱火にする。１分ほどゆでたら、火を止めて余熱で火を通す。長く置きすぎるとうま味成分が抜けるので注意！
2. 鮭を鍋から取り出し、皮や骨をとって粗めにほぐす。
3. ほぐした鮭をフライパンに移し、酒とみりん、粉末昆布だしを加えてアルコール分を飛ばしながら炒りつける。
4. 最後に風味付けでしょうゆを鍋肌に入れて出来上がり。好みでしょうがのおろし汁（小さじ１）やすりごまなどを加えてもおいしい。

写真は盛り付け例の手作り鮭フレークと炒り卵の二色丼

栄養価 １人前の丼に使用した鮭フレーク（上記分量の約 1/2 分）

エネルギー…186kcal、たんぱく質…15.8g、脂質…10.3g、炭水化物…4.9g、ビタミン D…12.0μg

栄養価 下記分量分

エネルギー…254kcal、たんぱく質…23.0g、脂質…11.8g、炭水化物…19.3g、カルシウム…194㎎、ビタミンD…12.2㎍、ビタミン B_1…0.17㎎

ビタミンD強化

レシピ 04

やさしい味で健康にもいい

じゃこと高野豆腐の卵とじ

ビタミンDとカルシウムが豊富な食材を組み合わせた卵とじです。そのまま食べても、ごはんにのせてもおいしいメニューです。ビタミンDは魚類だけでなく、きのこにも比較的多く含まれていますし、高野豆腐にはビタミンDと相性のよいカルシウムも豊富です。

材料 1人分

高野豆腐…1枚（約17g）、まいたけ…50g、干ししいたけ…2枚、ちりめんじゃこ…10g、たまねぎ…1/2個、冷凍むき枝豆（あれば）…少々、卵…1個、だし汁…100ml（顆粒だしで作る）、しょうゆ…大さじ1/2、砂糖…大さじ1/2

作り方

1. 高野豆腐は水で戻してから、短冊（薄切り）に切る。
2. たまねぎは、薄切りにしておく。
3. 干ししいたけも水で戻し、軸をとって3～4㎜に切る。まいたけは食べやすい大きさに手でほぐしておく。
4. 鍋にだし汁と干ししいたけの戻し汁（50ml）、調味料を入れて火にかけ、1、2、3と、ちりめんじゃこを入れて、煮る。その間に、卵を割ってほぐしておく。
5. 火が通ったら、冷凍むき枝豆も入れ、溶き卵を回し入れ、好みの加減まで火を通したら出来上がり。

貧血の原因はさまざまですが、鉄欠乏は大きな原因の一つです。貧血になると全身で酸素が不足してくるので、バテやすくなります。貧血は決して女子だけの問題ではありません。運動量が多い、発汗量が多いというサッカー選手は気をつけましょう。

貧血予防

貧血予防 レシピ 05

鉄分たっぷりの豚レバーのレシピ

豚レバーの竜田揚げ

牛・豚・鶏のレバーの中でも一番鉄を多く含んでいるのが豚レバーです。ややくせが強い食材ですが、にんにく、しょうがなどを使って調理すると、香ばしくてレバー嫌いの人もおいしく食べられます。ビタミンAは過剰症もあるので、食べ過ぎには注意してください。

材料 1人分

豚レバー…100 g、（氷水…適量）、牛乳…50ml、[調味液] しょうゆ…小さじ1、酒…小さじ1、みりん…小さじ1、すりおろししょうが…適量。片栗粉…適量、揚げ油…適量、レモン…1/4個、[付け合わせ] レタス、トマトなど…適量

作り方

1. 豚レバーは薄切りにして、氷水に入れて血抜きをする（10分程度）。
2. 血抜きしたレバーは、氷水から上げて水を拭き、牛乳に漬ける（5〜10分程度）。
3. 牛乳から上げたレバーは、調味液に漬けておく。
4. 10分ほど置いて味がしみたら、ていねいに片栗粉を付けて、170℃くらいの油で3分ほど揚げて中までしっかり火を通す。

※レバーのにおいを消し、鉄の吸収もよくなるので、手元でレモンを絞って食べるのがおすすめ。

栄養価 1人分

エネルギー…196kcal、たんぱく質…20.9g、脂質…10.4g、炭水化物…4.1g、鉄…13.1㎎、ビタミン B_1…0.34㎎、ビタミンA…13000μg RAE

栄養価 1個分
エネルギー…268kcal、たんぱく質…20.0g、脂質…20.9g、炭水化物…2.0g、カルシウム…387mg、鉄…3.4mg

貧血予防

レシピ 06

カルシウムと鉄の合わせ技

がんもどきの ピザ風チーズ焼き

鉄が豊富な食材といえばレバーのイメージですが、実は大豆製品にも鉄が多く含まれています。チーズなどたんぱく質を多く含む食品と一緒に摂れば、鉄の吸収率もアップ。レバーが苦手で食べられない人でもしっかり鉄が補給できるメニューです。

材料 1個分

がんもどき…1個（90g）、スライスチーズ…1枚（約18g）、ちりめんじゃこ…大さじ1（約5g）、小ねぎ…5g

作り方

1. がんもどきは熱湯をかけて油抜きをする。
2. オーブントースターの天板にクッキングシートを敷き、その上に1のがんもどきを4～6等分にしてのせる。
3. 2のがんもどきの上に、チーズとちりめんじゃこをのせて4～5分焼く。
4. チーズがとろっとしてきたら、熱いうちに小口切りした小ねぎをのせて、好みでしょうゆを少々かければ出来上がり。

ふだんの昼食が給食でも、部活の遠征ではお弁当が必要になるときもあります。夏場であっても「傷みにくい」をキーワードの一番上に置いたお弁当メニューを考えましょう。また、お弁当でも「主菜」中心にならないように、副菜もたくさん入れています。

基本のお弁当

ごはん・おかずを詰める際の注意点

1. 「ごはんは冷めてから詰める」が大原則です。粗熱が取れたら容器に詰めて、冷めてからふたをします。ごはんの上にふりかけをかけるのは夏場は避けましょう。乾燥したものが水分を吸うと傷みやすくなるといわれています。ふりかけは小袋のものを別添えに。
2. ごはんとおかずは別容器に。おかずも冷めてから、おかず同士がくっつかないように紙カップなどを使って容器に詰めるよう注意しましょう。
3. 必ず箸などを使って詰め、素手で触ることのないようにしましょう。

<メニュー>ごはん…ごはん、ふりかけ（別添え）。おかず…鮭の照り焼き、ピーマンとパプリカのきんぴら、梅入り玉子焼き、酢れんこん、ミニトマト

写真は盛り付けしたお弁当。ごはんはビタミン強化米入りがおすすめ

栄養価 お弁当全体

エネルギー…1040kcal、たんぱく質…40.7g、脂質…45.5g、炭水化物…114.3g、カリウム…400㎎、鉄…2.6㎎

お弁当 レシピ 07

ごはんが進むおかず

鮭の照り焼き

栄養価 1切れ分
エネルギー…264kcal、たんぱく質…20.3g、脂質…16.8g、炭水化物…2.3g、ビタミンD…15.0μg

材料 1人前

生鮭…1切れ、サラダ油…大さじ1/3、みりん…大さじ1/2、しょうゆ…大さじ1/2

作り方

1. フライパンに油を入れて熱し、生鮭を入れて焼き色がつくまで両面を焼く。
2. みりんとしょうゆを入れて、絡めれば出来上がり。

お弁当 レシピ 08

彩り華やかで栄養豊富

ピーマンとパプリカのきんぴら

材料 作りやすい分量

ピーマン…2個、パプリカ…赤・黄各1/2個、サラダ油…小さじ1、[調味料]みりん…小さじ1、塩…小さじ1/4、顆粒だし…少々

作り方

1. ピーマンは種を取って6～7㎜の千切り、パプリカも大きさをピーマンとそろえて切る。
2. フライパンに油を入れて、1を炒める。
3. しんなりしたら、調味料を加えて味をととのえる。

栄養価 左記分量分
エネルギー…85kcal、たんぱく質…1.5g、脂質…4.3g、炭水化物…11.0g、ビタミンC…210㎎

お弁当 レシピ 09

梅の酸味で食欲増進

梅入り玉子焼き

栄養価 下記分量分
エネルギー…233kcal、たんぱく質…14.9g、脂質…16.4g、炭水化物…4.4g、カルシウム…68㎎

材料 作りやすい分量

卵…2個、砂糖…小さじ1、梅干し…大1個、サラダ油…適宜

作り方

1. 梅干しは種を除いて、たたいておく。
2. 卵を割りほぐし、砂糖を入れてよく混ぜたら、1を加える。
3. 卵焼き器に油を薄くひき、玉子焼きを焼いていく。

お弁当 レシピ 10

あと1品のおかずに

酢れんこん

栄養価 下記分量分
エネルギー…126kcal、たんぱく質…2.0g、脂質…0.1g、炭水化物…26.8g、ビタミンC…48㎎

材料 作りやすい分量

れんこん…約100ｇ(小1節)、酢…100ml、砂糖…大さじ1、塩…少々、(好みで)赤唐辛子…適宜

作り方

1. れんこんは皮をむき、5～6㎜の厚さの輪切りにして、水にさらす。花形にととのえてもきれい。
2. れんこんを水からサッとゆでる。
3. 鍋に酢、砂糖、塩を加え火にかけ、2でゆでたれんこんを加えて1～2分煮る。
4. 火を止めたら、好みで輪切りにした赤唐辛子を少々加え、そのまま冷ます。

付け合わせのミニトマト　ミニトマトはきれいに洗ったら、ヘタを取って水分をしっかり拭く。

夏場のお弁当の一番の留意点は「安全」です。傷みやすい環境での保管も考えて、冷凍サンドイッチを紹介します。保冷剤代わりにもなりますから、冷蔵庫から出した飲み物やフルーツなど（常温のものは絶対不可）と一緒に携帯すると便利です。

お弁当・夏場

レシピ 11

自然解凍でお昼は作りたて！

冷凍サンドイッチ

朝からサンドイッチ作りは手がかかりそうなイメージですが、時間があるときに手作りして冷凍にしておくのはいかがでしょうか。冷凍庫からそのまま持って行き、自然解凍して、食べるころ（4～5時間後）には作りたてのサンドイッチになります。

材料 食パン1斤分

食パン（サンドイッチ用）…12枚、バター…適宜、ボンレスハム…2枚、スライスチーズ…2枚、卵…1個、砂糖…少々、塩…少々、ケチャップ…適量、クリームチーズ…5g、ジャム…21g

作り方

1. 食パンは2枚1組になるようにして、4組にバターを塗る。バターを室温に戻すか、レンジで柔らかくしておくと適量を塗りやすい。
2. 卵は割りほぐし、砂糖と塩で調味して、フッ素樹脂加工の卵焼き器、なければフライパンで薄めの四角に焼く。
3. バターを塗った2組のパンには、2の玉子焼きをのせ、ケチャップを薄く塗ってはさむ。
4. バターを塗った2組のパンには、ボンレスハムとチーズをはさむ。
5. バターを塗っていない2組のパンには、クリームチーズと好みのジャムを塗る。
6. 出来上がったサンドイッチを食べやすい大きさに切り、1つ1つ空気を抜くようにしながらラップでぴっちり包む。空気が入ると霜が付く恐れがあるので注意！
7. ラップで包んだサンドイッチは、ジッパー付きの冷凍用袋に入れて、冷凍する。

※生野菜は水分が出るので冷凍に不向き。野菜不足が気になる場合は、安全面を優先してトマトジュースや野菜ジュースを利用しましょう。

栄養価 サンドイッチ用食パン1斤分（6組分）

エネルギー…1000kcal、たんぱく質…39.9g、脂質…50.2g、炭水化物…109.4g、カルシウム…320㎎、ビタミン B_1…0.47㎎

大会時のお弁当は「エネルギー補給」が最大の目的です。エネルギー源となる炭水化物がしっかり摂れて、季節に応じたものを作ります。季節に応じたものとは、夏場は「傷みにくいもの」、冬場は外で「暖をとれるもの」です。

大会時のお弁当

お弁当・大会時
レシピ 12

食べやすくおかずがいらない

肉巻きおにぎり

牛もも肉は、高たんぱく質低脂質で、鉄も多く含まれている部位です。特におかずを必要としませんし、握ったおにぎりに焼きつけているので安全です。鉄を多く含んでいるので、発汗量が多くなる大会時にもおすすめです。

材料 3個分

ごはん（ビタミン強化米入り）…200g、（好みで）紅しょうが…適宜、牛もも肉（脂身なし・薄切り）…大3枚、小麦粉…少々、［調味料］酒…大さじ1，みりん…大さじ1、しょうゆ…大さじ1

作り方

1. 熱いごはんを円盤状に握る。好みでみじん切りした紅しょうがを混ぜてもよい。。
2. 牛肉を広げて、軽く小麦粉をまぶしたら、1のおにぎりになるべく隙間なく巻いていく。
3. フッ素樹脂加工のフライパンに2を静かに入れて、牛肉に火が通るように焼く。その間に調味料を合わせておく。
4. 牛肉に火が通ったら、調味料を入れてたれを絡めるように焼きつける。

※牛もも肉の肉質はやや硬いため、薄切りにしたものを使う。
※おにぎりを作る際に紅しょうがを混ぜるとさっぱりした味になる。

栄養価 3個分

エネルギー…648kcal、たんぱく質…37.7g、脂質…15.6g、炭水化物…84.7g、鉄…2.5㎎

おいしいものは「脂質たっぷり！」ということもあります。とはいえ、サッカー選手にとって､試合前など時と場合によっては「脂質控えめ」が必要になることも。そこで、大好きなメニューを一工夫することで｢脂質控えめ」になるアイディアをご紹介します。

脂質控えめ

レシピ 13

グラタンやシチューを低カロリーに

バターを使わないホワイトソース

ホワイトソースはグラタンやシチューなどに欠かせませんが、おいしく、しかも「ダマ」にならないように作るにはバターが不可欠です。そのホワイトソースをバターなしで作るコツを覚えると脂質の摂り過ぎを心配しないで大好きなメニューも食べられますよ。

材料 作りやすい分量

低脂肪牛乳…250ml、小麦粉…大さじ 2、コンソメ顆粒…小さじ 1/3、こしょう…少々

作り方

1. 材料の牛乳の一部をボウルに入れ、材料の小麦粉を振り入れて泡立て器でよく混ぜる。このときにしっかり混ぜておくのがポイント。
2. 残りの牛乳は、コンソメ顆粒と一緒に鍋に入れて弱火にかける。
3. 2 の鍋に 1 を少しずつ混ぜながら加えていく。
4. ダマができないようによく混ぜながら、とろみが出るまでしっかり火を通していく。

※このホワイトソースで脂質控えめのグラタンやシチューができる。

濃度をつけるときの便利な裏技

とろみを加えたいときにはルウではなく、「乾燥マッシュポテト」を利用すると便利です。カレー、ホワイトシチュー、グラタンなど、「濃度をつけた仕上がり」の料理には、ほぼなんにでも使えます。

栄養価 上記分量分

エネルギー…185kcal、たんぱく質…11.8g、脂質…3.1g、炭水化物…30.2g、カルシウム…350㎎

栄養価 下記分量分
エネルギー…103kcal、たんぱく質…4.7g、脂質…2.1g、炭水化物…18.1g、カルシウム…68㎎

写真は盛り付け例。ティックサラダや温野菜のディップソースにおすすめ

脂質控えめ

レシピ 14

低カロリーの簡単マヨソース

マヨネーズを使わない “マヨネーズソース”

マヨネーズは約 3/4 が脂質。大さじ 1 には約 9g の脂質が含まれ、これはポーションバター 1 個分に匹敵します。ヨーグルトと白みそを混ぜ合わせれば、マヨラーにも満足いただける低カロリーのソースができます。

材料 作りやすい分量

プレーンヨーグルト…大さじ2、白みそ（甘みそ）…大さじ2、レモン汁…少々、はちみつ…少々、塩こしょう…適宜

作り方

1. ヨーグルトと白みそを合わせてよく混ぜる。
2. 混ざったら、味をみながらレモン汁やはちみつを少しずつ好みで加えていく。

※白みそがない場合は、信州みそなどでもかまわない。白みそ以外を用いる場合は、塩分が濃いので量は半分くらいにして、味を見ながらはちみつやレモン汁を加える。

暑いときにさっぱりしたものばかり食べていると栄養が偏ってしまい、「夏バテ」の原因になる恐れがあります。食欲が落ちたときでも食べやすく、かつサッカー選手にとって必要なエネルギーや栄養素が十分摂れるメニューを紹介します。

食欲低下時

食欲低下時 レシピ 15

梅風味のさわやかごはん

梅ひじきごはん

ひじきとちりめんじゃこ、枝豆を梅干しと一緒に煮て、昆布だしで炊いたごはんに混ぜた混ぜごはんです。食欲が落ちたときはとかく口当たりのよいものに嗜好がいきますが、そんなときでもしっかり食べられるメニューです。

材料 作りやすい分量

精白米（ビタミン強化米入り）…2カップ（360ml）、芽ひじき…10 g、ちりめんじゃこ（半乾燥品）…30g、梅干し…2～3個、和風だし…約150ml、みりん…大さじ1、しょうゆ…大さじ1

作り方

1. 米は水分控えめのメモリまで水を入れて炊く。
2. 炊いている間にひじきを戻しておく。
3. 和風だしにみりんとしょうゆを合わせ、2のひじきの水を切ったものと梅干し、ちりめんじゃこを入れる。梅干しをつぶしながら煮汁がなくなるまで煮る。梅干しの塩分で味が変わるため、途中で味をみる。
4. ごはんが炊けたら、すぐに4を加えて均等になるように混ぜ、5分ほど蒸らしたら、出来上がり！

※盛り付け後に大葉の千切りやむき枝豆をのせると彩りも栄養素バランスもよくなる。

栄養価 1人分（炊きあがりの約1/3）

エネルギー…449kcal、たんぱく質…11.7g、脂質…1.5g、炭水化物…93.1g、カルシウム…100mg、ビタミンD…6.0μg

栄養価 1人分

エネルギー…539kcal、たんぱく質…38.8g、脂質…13.3g、炭水化物…71.6g、鉄…2.9㎎、ビタミン B_1…1.11㎎

食欲低下時 レシピ 16

食べやすくうま味も栄養もたっぷり

冷しゃぶサラダうどん

豚しゃぶ用のお肉と季節の野菜をたっぷりのせた、食べ応えのある冷やしうどんです。 豚のゆで汁をめんつゆの希釈用に使っているので豚肉のうま味がたっぷり。サラダ感覚でもりもり食べられる、暑い日にぴったりの主食です。

材料 1人分

うどん…1玉、豚もも肉（しゃぶしゃぶ用）…100g、たまねぎ（サラダ用）…50g、トマト…中1/2個、おくら…2本、温泉卵…1個、好みの野菜（レタス・きゅうりなど）…適量、めんつゆ…50～100ml、練りごま…適宜、レモン汁…適宜

作り方

1. 豚もも肉はしゃぶしゃぶの要領でさっとゆでる。ゆで汁は濾してめんつゆを薄める用に取っておく。
2. たまねぎは薄切り、トマトは半月切り、おくらは板ずり（塩を付けてまな板の上でこする）して、1分ほどゆでる。好みの野菜は食べやすい大きさに切る。
3. めんつゆに練りごまと豚肉のゆで汁を加えてよく混ぜ（練りごまはミニ泡だて器などでしっかり混ぜないと分離した状態になる）、レモン汁も入れる。めんつゆは希釈倍率に従って薄める。
4. ゆでたうどんは冷水にとって、よく水を切る。
5. 皿に4のうどんをのせて、その上に準備した具をきれいに盛り付ける。
6. 3のかけ汁を添えて、出来上がり。

※うどんを中華めんに変えて冷やしラーメンにしてもおいしい。

明日の試合のためにエネルギー源をしっかり貯めておくことがとても大事です。ダブル炭水化物にしたり、炭水化物をエネルギー源にする栄養素のビタミンB_1を多く含む食品を上手に使って、エネルギー源（グリコーゲン）を蓄えましょう。

試合前日 レシピ 17

絶品エネルギーチャージ食

うなとろ丼

炭水化物（ごはん）とエネルギーづくりに欠かせないビタミンB_1を多く含む食品（うなぎ）が摂れるメニューです。とろろいも（山いも・長いも）には主に炭水化物の消化を助ける酵素（ジアスターゼ）も含まれています。試合前日にも当日の朝にもおすすめです。

材料 1人分

ごはん…丼1杯（約220g）、うなぎのかば焼き…1/2串、長いも…50 g、しょうゆ…小さじ1/2、きゅうり…1/2本、塩…少々、添付のたれ…適宜

作り方

1. うなぎのかば焼きは、表示通りに温め、ひと口大に切っておく。
2. 長いもはおろし金でおろして、分量のしょうゆを混ぜておく。
3. きゅうりは蛇腹に切り、塩をしてしんなりしたら水で軽く洗い余分な塩を流す。それを甘酢（分量外）に漬けておく。
4. ごはんにかば焼きのたれを混ぜて丼に盛り付け、その上に1のうなぎと2のとろろ、3のきゅうりを盛り付ける。

栄養価 1人分

エネルギー…540kcal、たんぱく質…19.2g、脂質…11.4g、炭水化物…94.7g、カルシウム…110㎎、ビタミンB_1…0.49㎎、ビタミンD…9.5㎍

栄養価 1人分（出来上がりの約1/3）
エネルギー…524kcal、たんぱく質…31.9g、脂質…2.9g、炭水化物…93.4g

試合前日

レシピ 18

脂質少なめなおかずで、ごはんもしっかり！

カオマンガイ（シンガポールチキンライス）

高炭水化物、低脂質の食事をすることで、エネルギーの素（グリコーゲン）を蓄えることにつながります。また、鶏むね肉には抗疲労成分ともいえる「イミダペプチド」が豊富に含まれています。1食で手軽に炭水化物をたくさん摂れます。

材料 作りやすい分量

精白米（あればジャスミンライス）…2カップ（360ml）、鶏むね肉…300g（2枚程度）、［炊き込み調味料］鶏ガラスープの素…大さじ1、おろししょうが…少々、おろしにんにく…少々、［鶏肉下味用調味料］塩…小さじ1/2、酒…大さじ1、砂糖…小さじ1/2、［付け合わせ］（好みで）ミニトマト・サラダ菜・パクチーなど…適宜、［たれ］しょうゆ…大さじ2、レモン汁…小さじ1、砂糖…小さじ1、長ねぎみじんぎり…適宜、（好みで）ナンプラー…適宜

作り方

1. 鶏肉は皮と脂部分を除き、フォークで全体を刺してから、ビニール袋に入れて、下味用調味料をすり込んで冷蔵庫に数時間入れておく。
2. 炊飯器に米と1の鶏肉を入れて、水を2カップよりやや少なめに入れてスイッチを入れる。
3. ごはんが炊けたら、鶏肉を取り出し、食べやすい大きさのそぎ切りにする。
4. たれの調味料を混ぜておく。
5. ごはんを皿に盛り、3の鶏肉と付け合わせ野菜を盛り付けて、たれを添える。

キックオフの時間から逆算して、エネルギー補給（食事）の時間を決めます。大人の場合はキックオフから３時間半前の軽食が原則ですが、ジュニア選手の場合は個人差や成長過程での差もあるので、時間や量で適宜調整してください。

試合当日 レシピ 19

体が温まるエネルギー補給食

力うどん

簡単に作れておいしい力うどんは、試合当日のエネルギー補給食としてうってつけです。寒い冬場には体も温まります。力うどんのほか、きなこもち、おにぎり、パスタなども、エネルギー補給食としておすすめです。

材料 １人分

うどん（冷凍 or ゆで）…１玉、切りもち…１個、かまぼこ…２切れ、長ねぎ…15 g、冷凍ほうれんそう…30 g、［つゆ］だし汁…300ml、しょうゆ…大さじ1，砂糖…小さじ１

作り方

1. 冷凍うどんは、表示の通りに電子レンジで加熱する。
2. 長ねぎは斜め薄切りにする。
3. 切りもちはオーブントースターで焼き色が付くように焼く。
4. つゆの材料を鍋に入れて、長ねぎと冷凍ほうれんそうも加えて火にかける。
5. 丼に１のうどんと３の焼きもち、かまぼこをのせて、４のつゆをかける。

栄養価 １人分

エネルギー…592kcal、たんぱく質…17.5g、脂質…1.7g、炭水化物…130.6g、鉄…1.4mg、ビタミン B_1…0.19mg

試合当日の朝食はしっかり食べておくことが大事。朝、眠くて食欲がないなんてことのないように前日の夜は早めにしっかり寝ましょう。朝食をしっかり食べておけば、その後の食事が不規則になっても対応できます。汁物をつければ熱中症予防にもなります。

試合当日の朝食

試合当日 レシピ 20

台湾の定番飯をアレンジ

ルーロー飯風ごはん

ごはんが進む台湾メニューのアレンジごはんです。ルーロー飯は豚バラ肉を使いますが、豚肩肉に変えているので、脂質はずっと少なく、エネルギーづくりに欠かせないビタミン B_1 はしっかり摂れます。調味料もくせのある五香粉は避けました。

材料 1人分

ごはん…丼1杯（約220g）、豚もも肉…100 g、卵…1個、冷凍ほうれんそう…50 g、[調味液] しょうが…適宜、砂糖…小さじ2、しょうゆ…小さじ2、オイスターソース…小さじ2、酒…大さじ1、酢…小さじ1

作り方

1. 豚肉は1cm角に切り、調味液と一緒にビニール袋に入れて漬けておく。ここまで前日の夜にしておく。
2. 卵はゆでで殻をむき、縦2つに切っておく。冷凍ほうれんそうはサッとゆでておく。
3. フライパンで1の肉を、漬け汁の調味液がなくなるまで炒める。
4. ごはんを丼によそい、3の豚肉、ほうれんそう、ゆで卵を盛り付ければ出来上がり。

栄養価 1人分

エネルギー…715kcal、たんぱく質…37.7g、脂質…13.0g、炭水化物…95g、鉄…2.9mg、ビタミン B_1…1.06mg

「分食」とは、夕食を練習前と練習後の２回に分けて食べることです。夕方の練習が昼食から６時間以上経つ場合は、エネルギー源なるものを練習前に摂っておく必要があります。練習後の夕食は、就寝までの時間を考えて量や調理法にも配慮してください。

分食・補食
レシピ
21

食べやすくてエネルギー補給に最適

<練習前>補食用ロールパンサンド

練習前には消化吸収時間が短い補食を摂って練習に臨みましょう。消化吸収時間が短いということは、脂質の少ないパンを選んだり、パンにはさむ具材も脂質が少ないものにするということです。具体的には、クロワッサンより食パンやロールパン、ベーコンよりボンレスハムです。

材料 ロールパン３個分

ロールパン…３個、ボンレスハム…１枚、卵…1/2個、塩こしょう…適宜、きゅうり…1/4本、塩…少々、アボカド…1/3個、かにかま…２本、レモン汁…適宜、マヨネーズ…小さじ２

作り方

1. ロールパンは真ん中に切れ目を入れて、オーブントースターで１分ほど軽く焼く。
2. 練習前なので、消化時間を短くするためにできればバターは塗らないほうがおすすめ。
3. きゅうりは斜め薄切りにして、塩を振っておく。
4. 卵はゆで卵にして、つぶしながら塩こしょうとマヨネーズ小さじ１で和える。
5. アボカドにはレモン汁をかけ、かにかまと一緒に、マヨネーズ小さじ１で和える。
6. ロールパンに、ボンレスハムときゅうり２枚、４ときゅうり２枚、５をはさんで出来上がり。

栄養価 ３個分

エネルギー…489kcal、たんぱく質…20.4g、脂質…22.0g、炭水化物…56.8g、ビタミン B_1…0.34㎎、ビタミンC…19㎎

栄養価 作りやすい分量≒2～3人分

エネルギー…571kcal、たんぱく質…45.9g、脂質…36.5g、炭水化物…21.3g、鉄…27.1mg、ビタミンD…2.7μg、ビタミンB_1…0.82mg、ビタミンC…57mg、ビタミンA…26000μg RAE、ビタミンE…6.0mg

分食・補食

レシピ 22

高たんぱく質で鉄分豊富

<練習後>豚レバーとアボカドの炒め

貧血予防（鉄分補給）で利用されがちなレバー、その中でも圧倒的に鉄を多く含んでいるのが豚レバーです。さらに高たんぱく質で低脂質でもあるので、成長期の選手や貧血気味の選手には、練習後の夕食メニューとしておすすめです。

材料 作りやすい量

豚レバー…200g、牛乳…100ml、[下味用調味液]しょうが…少々、酒…大さじ1、しょうゆ…小さじ2。サラダ油…小さじ1、アボカド…1個、しょうゆ…大さじ1/2、みりん…大さじ1/2、オイスターソース…小さじ1、こしょう…少々

作り方

1. 豚レバーは、7～8mm程度の厚さ（焼き肉用程度）に切る。
2. 1のレバーを15分ほど牛乳に漬けて、臭みをとる。
3. 2のレバーの牛乳分を拭いて、酒・しょうが汁・しょうゆに漬ける。
4. アボカドは皮をむいて種を除き、1cmくらいの厚さに切る。
5. フライパンに油を入れて、3のレバーをこげないように中まで火を通す。
6. 次にアボカドを入れて炒める。強く炒めるとアボカドがつぶれて、仕上がりが汚くなるのでそっと混ぜる。
7. しょうゆ、みりん、オイスターソースで味付けたら、出来上がり！

※味付けは、焼き肉のたれや好みの調味ソースで味付けてもOK。

※好みでたまねぎ、長ねぎ、きのこ類を入れてもおいしい。

※レバーは鉄を多く摂れる優れた食品だが、同時にビタミンAも多く摂れるので、週1～2度とする。このレシピの分量は1人分ではないので、過剰摂取には留意すること。

朝食をしっかり食べることはどの年代にとっても大事なことです。朝食を食べないと夕食後から昼食までの時間が非常に長くなり、エネルギー不足と水分不足が起こります。エネルギー不足は筋分解にもつながります。朝食は必ず食べるという習慣をつけましょう。

簡単朝食

簡単朝食

レシピ 23

のせてチンの簡単トースト

ピザトースト

食パンの上にチーズをのせてトースターで焼いたピザトーストです。忙しい朝でも簡単にできて、大人から子どもまでみんなに大好評のはず。パンの上にのせる具材によって、まるで「なんちゃってピザ」のようにおいしく食べられます。

材料 1人分

食パン…6枚切り2枚、ピザ用チーズ…40 g、ケチャップ…小さじ2、ちりめんじゃこ…10 g、かにかま…20g、ミニトマト…3個、ピーマン…1/2個、りんご…1/4個、はちみつ…大さじ1、ナッツ…適宜

作り方

1. 食パン1枚にケチャップを塗り、その上にちりめんじゃこ、かにかま、薄い輪切りのピーマンを敷き、その上にピザ用チーズをのせる。
2. もう1枚の食パンには、りんごの薄切りを敷き、その上にピザ用チーズをのせて、はちみつとナッツをかける。
3. オーブントースターの天板の上にオーブンシートを敷いて、その上に1と2の食パンを並べて、焦げ目の様子を見ながら焼けば（目安6～7分）出来上がり。

栄養価 1人分

エネルギー…683kcal、たんぱく質…29.6g、脂質…26.1g、炭水化物…91.0g、カルシウム…416㎎、鉄…1.4㎎、ビタミンD…6.3μg、ビタミンC…29㎎

栄養価 1人分

エネルギー…452kcal、たんぱく質…18.3g、脂質…6.4g、炭水化物…85.5g、カルシウム…110mg、ビタミンD…6.1μg、ビタミン B_1…0.24mg

簡単朝食

レシピ 24

火も包丁も使わず簡単！

豆腐丼

炊きたてのごはんに豆腐と、しらす干し、明太子など、好みのものをのせるだけ。タイマーでごはんが炊けたら、冷蔵庫から具材を出してごはんにのせれば、たった5分で完成します。忙しい朝におすすめのメニューです。

材料 1人分

ごはん…丼1杯（約220g）、絹ごし豆腐…1/2丁、しらす干し…大さじ2、梅干し…1個、（好みで）カイワレ大根・大葉など…適宜、削り節…適宜、しょうゆ…適宜

作り方

1. 炊きたての温かいごはんの上に、基本的には豆腐などをのせて、しょうゆで味付けをする。しらす干しや梅干し、カイワレ大根、大葉、削り節など、用意できる好みの食材を追加してもよい。

栄養価 1人分

エネルギー…151kcal、たんぱく質…5.9g、脂質…1.4g、炭水化物…30g、カリウム…700mg、β-カロテン…1950μg、ビタミンC…30mg

簡単朝食 レシピ 25

食べるスポーツドリンク

パスタ入り簡単ミネストローネ

暑い時期の食事では、熱中症予防の面からも汁物は必須です。「水分＋ミネラル＋α」が摂れる汁物は、まさに「食べるスポーツドリンク」。起床時の体内は脱水状態なので、特に朝食の「汁物付き」の食事が大事です。

材料 2人分

野菜（たまねぎ、にんじん、じゃがいも、キャベツ、セロリなど）…約150g、マカロニ…40g、トマトジュース…300ml、水…100ml、コンソメの素…適宜、塩こしょう…少々、パセリ…少々、（好みで）粉チーズ…適宜

作り方

1. マカロニを表示時間通りにゆでる。
2. その間に、野菜類を1.5cm角程度にさいの目に切っておく。
3. 鍋にトマトジュースと水を入れてコンソメの素を溶かし、2の野菜を入れて火が通るまで煮る。
4. 3に火が通ったら、1のマカロニを入れて、塩こしょうで味をととのえる。刻みパセリなどを振りかければ出来上がり。

※好みでミックスビーンズなどを入れてもおいしい。

簡単朝食 レシピ 26

だしのとり方を覚えよう

煮干しだし（みそ汁用）

みそ汁は汗で失う成分を効果的に補給できる優れものです。熱中症が気になる季節には必ず汁物付きの朝食を摂りましょう。みそ汁のだしには、だしの素のようなものから、かつおと昆布の天然だしなどがありますが、まず煮干しを使っただしのとり方を覚えましょう。

材料 作りやすい分量

水…500ml、煮干し（水の 2%）…10g（大きめの煮干しで 6 尾程度）。

作り方（だしのとり方）

1. 煮干しと水を容器に入れて、冷蔵庫で一晩寝かせる。煮干しは頭とはらわたの部分を取り除き、縦に２つに割いておくと「雑味がなく、かつ濃いだし」がとれる。
2. 冷蔵庫で寝かせたものを鍋に移す。煮干しは取り除いてもそのままでも好みでよい。
3. 火にかけゆっくり加熱してあくをとり、みそ汁に利用する。

※前日に煮干しの準備を忘れた場合は、耐熱容器に水と煮干しを入れて、電子レンジにかけても簡単に煮干しだしがとれます。

※みそ汁の具はエネルギー源にもなるじゃがいもやかぼちゃ、ビタミン B_1 の吸収促進の働きもあるたまねぎや長ねぎ、にらなど（コラム３参照）。マグネシウムを多く含む豆腐は足がつるのを防ぐ働きも期待できます。

写真は煮干しだしのみそ汁の例

だしをとった煮干しの使い方

だしをとった煮干しにも水に溶けにくいカルシウムやたんぱく質が含まれているので、そのままみそ汁に入れて具として食べるとか、甘辛い味で煮つけてもおいしいです。

栄養価 １人分（煮干しだしのみ）

エネルギー…2kcal、たんぱく質…0.2g、脂質…0.2g、炭水化物…0g、カリウム…50mg、カルシウム…6mg

サッカー選手にとって「間食」や「補食」は、「おやつ」とは違います。間食とは、次の食事まで待っているとタイミングを逸してしまう場合に摂る食事、補食とは、3食では間に合わないエネルギーや栄養素を補うための食事と考えてください。

間食・補食 レシピ 27

天然のエナジードリンク

バナナジュース

バナナには体内でエネルギーに変わる速さが異なる糖質（ブドウ糖、果糖、ショ糖など）を含んでいるため、腹持ちがよいうえに、血糖値が急上昇しにくいという特徴もあります。糖がエネルギーになるのを助けるビタミンやミネラルも含んでいるので、集中力アップも期待できます。

材料 コップ１杯分

バナナ（なるべく完熟のもの）…１本、レモン汁…適宜、低脂肪乳…150ml、はちみつ…大さじ１～２

作り方

1. バナナは適当な大きさに切って、変色を防ぐためにレモン汁をかけておく。
2. ミキサーに１のバナナと低脂肪乳、はちみつの半量を入れて、攪拌する。
3. バナナの完熟度が甘さに影響するので､味を見てはちみつで調整する。

※低脂肪乳を豆乳に変えたり、無糖ヨーグルトやアイスクリームを加えたりしてもおいしい。

栄養価 コップ１杯

エネルギー…226kcal、たんぱく質…6.9g、脂質…1.7g、炭水化物…48.4g、カリウム…660㎎、カルシウム…200㎎、ビタミン B_1…0.11㎎、ビタミン C…19㎎

栄養価 4個分

エネルギー…875kcal、たんぱく質…27.9g、脂質…21.2g、炭水化物…146.9g、カルシウム…270㎎、鉄…3.7㎎

間食・補食

レシピ 28

手軽にぱくりと補給できる

いなりずし

いなりずしは、油揚げの煮たものに酢飯を詰めたもの。油揚げにはたんぱく質やカルシウムが比較的含まれていますし、中の酢飯に少し工夫をすると、不足しがちの栄養素を補うこともできます。酸味があるので食べやすく、食欲が低下したときの補食としておすすめです。

材料 4個分

油揚げ…２枚、[煮汁]だし汁…100ml、砂糖…15ｇ、しょうゆ…20ｇ、ごはん…160ｇ、すし酢…大さじ1、しらす干し…大さじ2、白ごま…小さじ1～2

作り方

1. 油揚げはめん棒などでごろごろしてから半分に切って、破けないように静かに開く。
2. 1の油揚げを熱湯で煮て、しっかり油抜きする。
3. 鍋に煮汁と油抜きした油揚げの水気をしっかり切って入れ、煮汁が半分くらいになるまで煮て、そのまま冷ます。
4. ごはんは温かいうちに、ごはん粒がつぶれないようにすし酢を混ぜる。すし酢が混ざったら、しらす干しと白ごまを混ぜる。
5. 3の油揚げをていねいに開き、中に4のごはんを握ったものを詰めて、口を折り曲げれば出来上がり。

冷凍下では傷むリスクが少なく、保存料なども基本的には使われていません。おすすめは「素材の冷凍食品」。鮮度も保てますし、栄養価も高くなるものもあります。天候による価格への影響も受けにくいので、バランスのとれた食事のためにも上手に利用しましょう。

冷食活用 レシピ 29

常備したい冷凍ほうれんそう

ほうれんそうと卵のソテー

手軽に購入できる冷凍ほうれんそうは、さっとゆでた後に急速冷凍されているので、凍ったまま調理に使える優れた食材です。お浸しやごま和え、ソテーや付け合わせ野菜のほか、汁物の具にも使えるので、常備しておくと何かと便利です。

材料 作りやすい分量

冷凍ほうれんそう…100 g、卵…1 個、砂糖…少々、サラダ油…小さじ1、スライスチーズ…1 枚（18 g）、塩こしょう…適宜、（好みで）ソース…適宜

作り方

1. 卵は割りほぐし、砂糖を加えて、混ぜる。
2. フライパンを熱して油を入れ、冷凍ほうれんそうを入れて炒める。
3. 冷凍が少し溶けてきたあたりで、卵とちぎったスライスチーズを入れて、炒める。
4. 塩こしょうで味をととのえ、好みでソースを少し加える。

栄養価 上記分量分

エネルギー…185kcal、たんぱく質…13.1g、脂質…14.1g、炭水化物…3.8g、カルシウム…240㎎、鉄…2.0㎎、ビタミン C…19㎎

栄養価 下記分量分

エネルギー…377kcal、たんぱく質…20.5g、脂質…31.1g、炭水化物…13.8g、ビタミンD…8μg、ビタミンB_1…0.22mg、ビタミンC…27mg

冷食活用 レシピ 30

常備したい冷凍しめさば

しめさばのカルパッチョ

しめさばはそのまま刺身で食べるのが一般的ですが、冷凍しめさばを表示通りに解凍してマリネのようにしたり、サラダのトッピングにしたり、焼いて焼きさば、揚げてさばの竜田揚げなど、素材としても便利に利用できます。

材料 作りやすい量

しめさば…半身（100 g）、サラダ用たまねぎ…1/2 個（70 g）、トマト…1/2 個、きゅうり…1/2 本、レモン…1/2 個、オリーブオイル…小さじ1、塩こしょう…適宜

作り方

1. しめさばは薄くそぎ切りにする。
2. サラダ用たまねぎは、スライサーで薄く切る。
3. トマトは半月薄切り、きゅうりは斜め薄切りかさいの目切りなど、盛り付けた際の飾りになるように切る。
4. たまねぎを皿に敷き、その上にさば、トマトときゅうりを見た目がきれいになるように盛り付ける。
5. 食べる直前に、塩こしょう、レモン汁、オリーブオイルを回しかければ出来上がり。あればピンクペッパーなどを飾る。

冷凍しめさばのメリット

さばは、高たんぱく質の上、DHA や EPA などの多価不飽和脂肪酸も多く含む優れた魚ですが、鮮度の低下が速く、寄生虫のアニサキスがいることもあって手が出しにくい魚です。冷凍のしめさばなら、新鮮なうちに冷凍されており、アニサキスも 24（～ 48）時間以上冷凍にすることで死滅するので安心・安全です。肉に比べて手が出しにくい魚なので常備しておくと便利です。

Column
03

コツを覚えよう！ おいしいみそ汁の作り方

「一汁三菜」という言葉もあるように、汁物は和食の形態に欠かせないものです。食事のときにのどを潤すというのが、大きな理由だと思いますが、現代では「熱中症予防」という大きな役割もあります。

そこで、ここでは「おいしいみそ汁」について考えてみましょう。

①**だしにこだわる** ▶おいしいだしだと塩分が少なくてもおいしく感じます。レシピで「煮干しだし」を紹介していますが、もちろんかつおぶしでも昆布でもかまいません。手軽な顆粒だしでも最初は良しとしましょう。「五味」の一つとして、世界でも注目されている「うま味」を身近に感じるきっかけになればと思っています。

②**野菜で具だくさんにする** ▶みそ汁は、具材の選び方によって「副菜」の一つにもなります。ふだんの生活では「副菜（野菜料理）は、サラダでいいかな？」という感じの方も多く、野菜の加熱料理は手間がかかるイメージが強いようです。そこで、いくつかの種類の野菜で具だくさんにしたみそ汁にすると、副菜の一つとしてカウントできます。

③**汁も飲む** ▶塩分の摂り過ぎを防ぐために、汁は残すという方もいますが、特に塩分制限をいわれている場合を除いて、汁も飲みましょう。理由は、塩分以外にも、水溶性の成分が溶けているみそ汁は、まさに食べるスポーツドリンクだからです。

④**みその選び方** ▶原料や塩分の違い、最近はだし入りのものなどいろいろなものがあります。好みのものを見つけましょう。だし入りのみそや顆粒だしなどは、だしをとる時間がないときに便利です。まずは、「みそ汁を飲む」ことを優先すれば、それも選択肢の一つです。

⑤**おすすめの具材** ▶定番の「豆腐＋わかめ」のほかに、「キャベツ（芯もおいしいだしが出ます）＋豚肉の端切れ」、「青菜（あくの少ない青梗菜や下ゆでしてある冷凍ほうれんそう）＋きのこ類」、「かぼちゃ＋たまねぎ」、「根菜＋油揚げ」、「なす＋きのこ＋練りごま」などもおすすめです。

⑥**おいしくするかくれ技** ▶みそ汁のみそは、具が煮えてから必ず溶いて加え、それからは決して沸騰させないこと。

第4章

Q＆A編

「1日3食」を守ることや
「バランスのとれた食事」を実践している中で、
「これでいいの？」「こんなときはどうする?」
という疑問や悩みが出てくるものです。
選手や保護者・指導者からよくいただく、
食事に関する質問の一例に回答します。
参考にしてください。

Q1 朝食は大事ですが、眠そうで起こせません

A 朝食は食べるもの。まずはおにぎりとみそ汁からでもOK！

その気持ちはよくわかりますが、もし朝食を食べなかったとしたら、前日の夕食から昼食までに15〜16時間もあいてしまい、体にストックしにくい栄養素が不足したまま、午前中を過ごすことになります。体にストックしにくい主な栄養素は「炭水化物（糖質）」です。「体と脳のエネルギー源」の糖質が不足状態で1日が始まることはある意味とても危険です。「注意力」や「集中力」にも影響が出て、思わぬケガにつながったり、授業中にぼーっとしている時間が長くなることにつながるかもしれません。また、朝食には「水分補給」の意味もあります。就寝中にマイナスになった体内の水分を朝食でゼロに戻すことで、熱中症予防にもなります。

まずは、おにぎりとみそ汁、パンと牛乳だけでもいいので、「朝食は食べるもの！」ということからスタートして、「バランスのとれた理想的な朝食」を目指しましょう。

Q2 果物の代わりに、100%ジュースでもOKですか？

A 100%ジュースは緊急事態対応の代用品です

「フルーツが大事なことはわかるけど、つい面倒なので、100%ジュースで代用している」という声を耳にしますが、それでよいのかといえば、答えは「ノー」です。果物が摂れないときには100%ジュースで代

用するという心掛けに関してはもちろん花丸印をあげたいのですが、果物の代わりになるかというとそうともいえません。

ジュースの製造過程で、壊されたりなくなったりする栄養素もあります。なによりジュースでは「噛む」ことが省かれてしまいます。「噛む」ことは、唾液の分泌を促し胃腸の働きを助けるので、アスリートに限らず誰にとってもとても大事です。また果物はビタミン類やミネラルを多く含む大事なものですが「噛む過程がなく飲むだけ」になると、気づかないうちに果糖をはじめ糖質の「摂り過ぎ」にもつながってしまいます。果物に多く含まれている果糖は、多く摂り過ぎると中性脂肪を上昇させるといわれています。ということで、100%ジュースが果物の代用になるのは、諸事情で果物が手に入りにくい「緊急事態対応」と考えてください。

Q3 ごはんとパン、どちらがおすすめですか?

A 好き嫌いがなければ「ごはん」がおすすめ

エネルギー源の糖質を効率よく摂るという意味では、どちらも同じですが、もし、好き嫌いがないなら「ごはん」がおすすめです。理由は、①ごはんは米と水だけですが、パンの場合は小麦粉のほかにバターや卵などが含まれていることもあり、エネルギー量に違いが出ます。②ごはんは「粒食」ですが、パンは「粉食」です。一般的には「粒食」のほうが「粉食」に比べて、消化・吸収に時間がかかるので、血糖値がゆっくり上昇して長時間維持することができます。③ごはんのほうがパンに比べ、どんなおかずにも合います。④お米には、糖質のほかにビタミンやミネラル、そしてたんぱく質も含まれているのです。

Q4 食べる順番って、意味があるの？

A 食べる順番を意識すれば、血糖値の急上昇が抑えられます

食事で糖質を先に食べると血糖値が急に上昇してインスリンが分泌されます。インスリンが過剰に分泌されると体に脂肪を貯め込みやすくなるので、防ぐためには、血糖値が急上昇しないように食べる順番に気を使うと効果があるといわれています。具体的には、野菜、食物繊維を多く含むきのこや海藻類などから先に食べて、ごはんやパンなどを最後にするのがよいようです。また、しっかり噛んでゆっくり食べることも血糖値の急上昇を防ぐ効果があるといわれています。

Q5 ごはんを食べると太るの？

A エネルギーの摂取と消費のアンバランスが太る第一の原因です

ごはんを食べると太るというのは、誤解です。ごはんに含まれている糖質は体と脳を働かせる大事な栄養素です。食べ過ぎないように注意することは大事ですが、太るから食べないというのは絶対に避けてください。むしろ、おかずで脂質の摂り過ぎにならないよう食材や調理法に注意しましょう。和食が健康な食事として世界で注目されているように、ビタミンやミネラル、食物繊維が摂りやすいおかずも多いですし、油を使わない調理法（煮る、蒸すなど）も豊富なので、むしろごはんはおすすめです。

Q6 コーラは骨を溶かすって本当？

A 飲んでも骨を溶かしませんが、飲むうえで注意点があります

コーラなどに含まれる酸味料にはカルシウムを溶かす性質がありますが、飲んだコーラが直接骨に触れることはありませんから、飲んだコーラで骨が溶けるということはありません。ただし、飲むうえでの注意点はあります。①カルシウムを排泄するリンが多く含まれています。②糖分も同時に摂ることになり、摂り過ぎは体脂肪が増えるなどの問題点や、成長期の場合は本来摂るべき食事のときの食欲低下にも影響します。補足として一般的なコーラ５００㎖は砂糖を50ｇ（細いスティックシュガー約18本分）も含むので、急な血糖値の上昇にも注意が必要です。ちなみに、５００㎖のコーラ1本で200〜250ｋｃａｌのエネルギー量があります。

Q7 カフェインは体に悪いの？

A 効果もありますが、過剰摂取による弊害もあります

脂肪燃焼や疲労回復や集中力アップなどの効果がいわれていますが、厚生労働省によると過剰に摂取した場合の弊害もあるようです。具体的には、中枢神経系の刺激によるめまい、心拍数の増加、興奮、不安、震え、不眠症、下痢、吐き気などの健康被害も挙げられています。カフェインはよい睡眠にも影響するといわれているので、夕方以降はコーヒー、紅茶、緑茶、コーラなどは控えたほうがよいでしょう。

久保田尚子（くぼた・ひさこ）
東京都生まれ。管理栄養士。アテネオリンピックでは、女子ソフトボール日本代表チームに支援帯同。その他、順天堂大学、帝京平成大学などで非常勤講師、（公財）東京都スポーツ事業団の講師なども歴任。 東京フットボールクラブ（FC 東京）では、前身の東京ガスフットボールクラブで 1998 年から栄養アドバイザーとしてかかわるほか、（公財）ダノン健康栄養財団でスポーツ栄養を担当。月刊誌『サッカークリニック』では、現在の「勝つための栄養セミナー」をはじめ、1999 年から食事・栄養の連載を持つ。

食《た》べて強《つよ》くなる！ サッカーの栄養《えいよう》と食事《しょくじ》

2023 年 11 月 20 日　第 1 版第 1 刷発行

著　　者　久保田尚子《くぼたひさこ》
発 行 人　池田哲雄
発 行 所　株式会社ベースボール・マガジン社
〒 103-8482
東京都中央区日本橋浜町 2-61-9 TIE 浜町ビル
電話　03-5643-3930（販売部）
03-5643-3885（出版部）
振替　0018-6-46620
URL　https://www.bbm-japan.com

印刷・製本　共同印刷株式会社

© Hisako Kubota 2023
Printed in Japan
ISBN978-4-583-11640-2 C2075

＊定価はカバーに表示してあります。
＊本書の文章、写真、図版の無断転載を厳禁します。
＊本書を無断で複製する行為（コピー、スキャン、デジタルデータ化、音声化など）は、私的使用のための複製など著作権法上の限られた例外を除き、禁じられています。業務上使用する目的で上記行為を行うことは、使用範囲が内部に限られる場合であっても、私的使用には該当せず、違法です。また、私的使用に該当する場合であっても、代行業者等の第三者に依頼して上記行為を行うことは違法となります。
＊落丁・乱丁が万一ございましたら、お取り替えいたします。